WEDNESDAY
WORD SEARCH

AN UNOFFICIAL ACTIVITY BOOK

ULYSSES PRESS

Published by:
ULYSSES PRESS
PO Box 3440
Berkeley, CA 94703
www.ulyssespress.com

ISBN: 978-1-64604-658-4

Printed in the United States by Sheridan Books Minnesota
10 9 8 7 6 5 4 3 2 1

Project editor: Shelona Belfon
Managing editor: Claire Chun
Proofreader: Barbara Schultz
Layout: Winnie Liu

INSTRUCTIONS

On each page, a list of words will be provided to you. Your task is to find each word in the puzzle by circling it when you find it and crossing it off the list. Keep in mind that the words can be found in any direction: forward, backward, up, down, or diagonal. Here's an example to get you started. Good luck!

T	V	V	F	O	R	W	A	R	D
O	A	B	D	X	A	V	U	I	F
H	T	G	Z	L	N	O	A	M	O
U	Q	Y	S	C	Y	G	U	P	F
M	U	A	P	N	O	S	F	U	G
T	T	B	T	N	Z	H	G	D	V
Y	E	O	A	J	R	R	H	O	B
S	X	L	B	S	B	X	B	W	T
X	Q	B	W	Y	Q	U	H	N	Y
Z	S	D	R	A	W	K	C	A	B

WEDNESDAY ADDAMS

D	I	I	N	L	W	R	R	I	I	J	C	F	F	S	A	S	T	F
T	M	C	N	C	Y	U	Q	S	U	X	X	Z	D	U	Q	Y	P	R
B	C	Y	R	X	S	E	V	C	M	E	X	B	Y	O	H	D	H	V
Y	I	I	V	G	B	A	D	E	A	Z	R	Q	R	Z	D	T	W	C
M	J	E	H	C	T	I	G	X	R	J	Q	E	K	N	C	E	F	S
C	O	N	O	C	B	G	D	N	K	B	R	Q	T	H	V	U	S	L
W	O	H	I	R	Y	C	H	U	I	U	A	W	T	F	J	E	Y	N
J	R	L	O	I	P	S	J	W	T	K	Y	C	B	T	R	K	J	T
X	U	M	O	F	M	B	P	R	G	K	N	T	A	D	X	C	M	N
F	O	T	E	R	R	G	O	K	N	K	R	I	K	M	V	D	I	M
P	U	P	N	H	A	T	J	G	J	U	R	C	L	A	X	W	B	O
P	W	B	V	E	U	L	D	G	Z	S	A	A	B	B	O	S	D	N
I	U	V	R	F	V	X	L	U	O	L	G	H	E	B	N	E	E	O
F	A	G	G	F	E	A	E	E	B	T	K	Y	S	I	C	U	X	C
M	E	U	N	F	O	H	R	R	R	E	H	S	W	Q	H	I	R	H
C	U	K	E	G	L	P	P	P	O	G	O	I	W	N	Z	U	I	R
L	C	R	A	U	L	S	X	M	Z	R	I	O	C	A	P	Y	M	O
N	G	L	M	P	Y	K	D	K	C	A	S	C	C	O	Q	F	T	M
B	G	H	V	S	L	I	A	T	G	I	P	P	K	B	L	G	Y	E
J	B	L	U	M	U	D	G	U	C	E	N	I	F	B	T	Q	J	K
K	S	A	R	C	A	S	T	I	C	D	E	A	D	P	A	N	X	E

WORD LIST

BLACK DRESS
COLOR ALLERGIC
CROSSBOW
DEADPAN
GOTHIC
MACABRE
MONOCHROME
MORBID
PIGTAILS
PSYCHIC
RAVEN
SARCASTIC
TORTURER
UNBLINKING
WOE

MORTICIA ADDAMS

S	O	H	D	I	L	B	N	P	M	A	W	S	I	G	G	H	K	Z
X	D	D	W	H	R	X	A	O	J	K	H	C	E	H	E	R	Z	K
A	E	X	P	E	R	T	F	E	N	C	E	R	N	R	O	Z	N	A
V	F	E	M	M	E	F	A	T	A	L	E	Y	X	L	R	M	P	N
D	Y	D	B	C	K	T	H	X	C	Z	V	E	B	P	H	R	C	K
W	D	C	P	L	T	P	N	D	Y	G	A	R	I	Z	O	P	Y	R
T	Z	L	Q	G	A	L	Y	W	K	X	W	N	J	M	B	S	L	K
M	K	D	L	P	F	C	K	Q	W	E	S	P	U	G	E	H	U	Y
L	E	S	X	E	V	V	K	Y	V	S	T	H	N	M	V	P	K	Z
H	W	C	P	C	Z	A	L	D	A	C	K	K	U	S	O	T	P	Z
H	X	F	N	T	G	R	M	I	R	R	Z	A	I	T	D	U	B	H
F	S	D	E	A	E	C	C	P	A	E	R	Y	R	F	T	N	B	U
B	Q	P	Z	H	G	I	K	D	I	B	S	A	L	A	Z	L	B	Z
B	J	U	T	Q	T	E	I	C	A	R	T	S	Z	R	A	F	F	Y
R	R	O	E	R	M	N	L	L	H	U	I	P	A	C	M	I	W	Z
G	M	H	O	R	M	H	E	E	Z	J	Z	C	I	M	E	V	A	O
H	N	M	O	B	I	D	S	E	D	U	C	T	I	V	E	D	O	E
U	L	D	L	A	N	D	E	F	W	C	S	Z	N	H	O	G	B	R
V	V	B	L	A	J	P	A	D	E	Y	V	P	O	E	A	M	P	W
Z	K	G	C	G	M	J	Y	H	M	H	T	W	D	D	G	E	L	U
S	O	X	O	J	V	C	U	T	C	A	R	A	M	I	A	L	V	M

WORD LIST

BLACK DRESS
CANDELABRA
CARA MIA
DARK HUMOR
DOVE
ELEGANCE
EXPERT FENCER
FEMME FATALE
MORTICIA'S SNIP
MOTHERLY
MYSTICAL
QUERIDA
SCRYER
SEDUCTIVE
VAMPIRIC

LURCH

U	R	E	P	E	E	K	E	V	A	R	G	C	C	K	F	V	L	V
S	G	L	O	O	M	Y	P	A	H	R	C	Q	Z	V	C	Z	E	Y
Z	W	U	P	W	M	V	F	P	K	O	Y	R	X	T	B	A	L	I
X	B	F	K	K	P	I	Z	J	S	T	W	U	E	A	I	P	L	Z
R	E	V	I	T	C	E	T	O	R	P	T	L	Q	L	N	G	O	A
H	Y	J	S	K	I	K	U	I	I	X	M	D	V	L	A	L	X	E
G	L	L	G	F	E	T	H	R	F	S	S	R	X	I	R	Z	F	K
P	V	T	U	V	R	F	I	E	H	U	G	E	H	I	T	F	K	B
B	T	S	G	I	S	A	N	C	O	G	U	V	B	V	I	F	S	F
F	O	F	V	Q	X	N	N	I	C	O	C	Y	Y	C	C	B	M	O
L	F	H	K	B	N	N	C	K	O	J	T	M	I	B	U	N	E	U
N	Y	U	V	P	U	A	X	I	E	L	X	E	S	S	L	O	N	F
P	X	X	I	H	V	T	P	Y	W	N	N	W	D	I	A	U	A	B
D	I	E	A	I	I	A	L	G	P	T	S	E	X	M	T	G	C	K
H	Q	M	V	A	D	P	N	E	E	R	P	T	R	W	E	J	I	R
L	J	S	F	Q	W	I	A	D	R	P	Z	Q	E	C	T	S	N	K
C	S	H	Y	F	N	G	I	F	B	C	S	C	V	I	Q	A	G	G
D	L	B	L	A	V	D	E	D	I	C	A	T	I	O	N	E	T	J
M	B	C	O	M	D	M	S	U	J	M	O	N	R	O	U	K	W	L
A	Y	R	E	Z	O	K	W	E	U	W	T	Z	D	V	K	C	B	Y
W	G	K	Z	U	F	O	R	E	B	O	D	I	N	G	X	R	O	S

WORD LIST

BUTLER
DEDICATION
DRIVER
EFFICIENT
FOREBODING
FRANKENSTEIN
GLOOMY
GRAVEKEEPER
GROANING
INARTICULATE
MENACING
PROTECTIVE
TALL
VIRTUOSO
VIVACIOUS

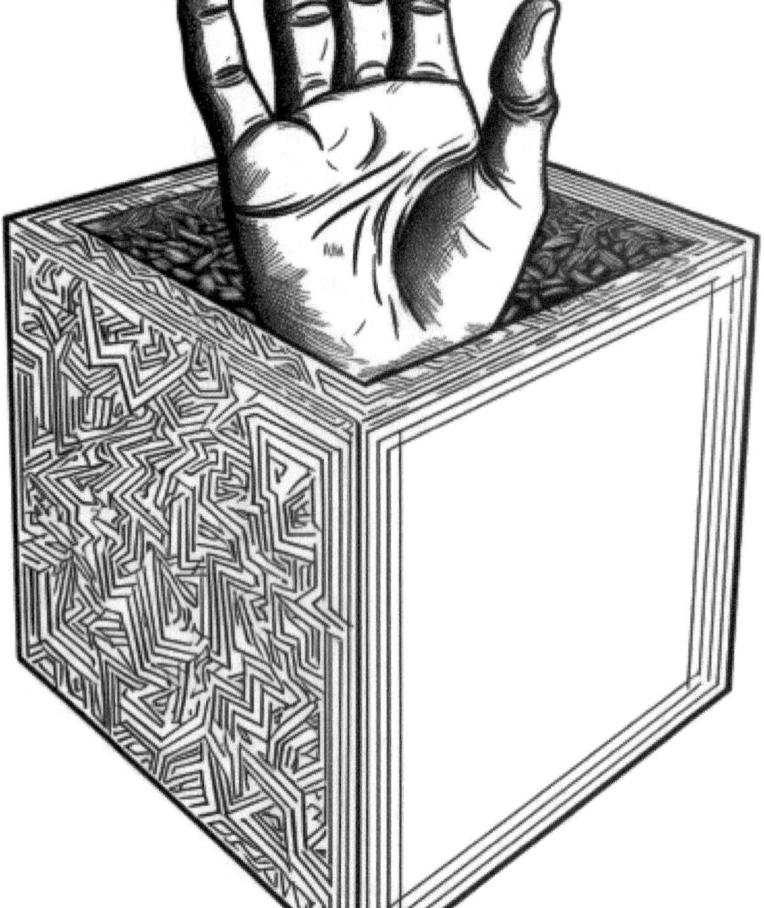

THING

S	D	H	K	Q	Y	U	A	I	R	B	B	O	J	X	R	Y	D	K
V	V	G	J	F	D	L	L	O	C	N	Y	V	A	C	H	T	E	I
X	J	H	K	W	F	A	S	T	N	E	I	D	E	B	O	S	R	G
D	V	E	H	U	Y	W	V	H	S	R	U	I	Y	G	F	Y	R	L
U	E	W	W	O	N	U	C	W	D	I	I	P	L	D	M	Z	A	U
P	B	I	L	B	C	L	D	N	U	D	S	D	V	I	J	Q	C	P
X	T	K	D	L	T	S	A	D	J	S	I	K	R	I	W	W	S	S
I	H	V	F	O	E	H	E	E	P	X	I	N	I	G	Y	A	L	L
D	I	M	K	G	B	V	J	C	W	A	M	L	C	H	V	X	T	F
A	N	U	T	T	C	M	I	X	R	M	N	V	E	F	E	O	N	U
P	G	Q	F	Y	I	E	E	T	D	E	Z	T	V	N	S	R	F	O
R	S	X	N	H	A	F	V	S	A	W	T	A	O	G	T	Q	P	E
C	B	E	B	J	K	L	I	S	I	C	B	I	J	M	A	P	V	P
I	O	I	A	K	L	H	S	Y	H	D	I	H	V	M	I	I	X	I
T	X	O	B	D	A	Z	S	C	X	W	H	N	P	E	T	M	V	A
A	N	J	Q	U	T	C	E	B	K	W	T	U	U	R	R	Q	E	Q
M	V	S	M	X	V	H	R	O	E	K	T	X	O	M	W	C	C	I
G	D	O	Z	W	K	O	P	T	Y	A	X	P	A	C	M	N	A	H
I	Z	E	T	H	J	E	X	X	T	Y	P	G	G	Z	K	O	B	Z
N	G	H	B	S	A	D	E	E	I	U	O	H	S	Z	C	E	C	L
E	K	J	E	N	O	T	D	A	S	C	P	M	F	C	Q	A	Q	R

WORD LIST

AMPUTATED
COMMUNICATIVE
DISEMBODIED
ENIGMATIC
EXPRESSIVE
HAND
LOYAL
OBEDIENT
PANTOMIME
SCARRED
SECRETIVE
SILENT
SPY
SUPPORTIVE
THING'S BOX

ITTS

D	D	B	H	I	W	Y	Q	O	P	R	G	I	G	G	L	E	S	X
E	S	C	V	G	L	C	D	G	N	Z	V	T	P	G	S	U	X	L
D	E	O	N	N	C	A	Z	O	U	E	L	V	U	Y	E	I	T	A
L	V	U	S	A	I	A	G	F	M	U	W	B	N	G	A	J	B	V
U	O	S	Z	T	Z	J	V	U	F	O	T	A	N	B	I	W	Z	V
X	L	I	M	I	D	R	S	Y	Q	N	Z	A	S	O	N	O	L	L
V	G	N	W	U	J	E	A	U	E	F	R	D	E	O	J	V	X	H
R	D	I	C	S	K	L	K	R	O	T	U	U	F	Z	S	U	A	R
H	I	T	T	N	P	R	W	H	S	V	K	N	W	U	T	S	U	N
P	J	T	G	B	G	R	P	I	D	N	E	E	N	R	P	M	V	U
F	P	Q	G	P	Y	Y	V	O	Q	F	X	I	B	Y	Z	F	L	D
Q	S	Q	S	S	T	Y	H	X	X	C	W	O	H	S	R	A	T	T
D	T	H	G	H	Z	A	T	S	B	Z	W	G	S	C	Y	D	V	J
H	H	G	F	U	I	J	L	M	U	L	X	J	B	O	S	Y	B	Y
W	V	K	N	R	O	L	C	V	E	Q	H	C	L	U	R	I	S	F
R	Q	B	Y	W	A	W	T	R	O	I	S	P	V	P	H	V	M	G
Y	T	F	Z	B	U	A	H	U	F	U	R	R	Y	G	J	O	M	D
K	I	S	E	T	E	A	W	W	W	E	I	R	J	R	H	W	O	N
S	H	Y	M	M	T	S	U	N	G	L	A	S	S	E	S	C	Q	V
S	E	T	W	U	E	P	D	K	P	U	I	N	T	Q	J	G	H	R
E	R	X	M	O	C	W	M	X	T	Y	L	D	T	H	Q	R	N	U

WORD LIST

BOWLER HAT
COUSIN ITT
EYEBALLS
FUNNY
FURRY
GIGGLES
GLOVES
HAIRY
IGNATIUS
LOYAL
MISCHIEVOUS
PLAYFUL
STRANGE
SUNGLASSES
ZANY

GOMEZ ADDAMS

F	V	T	K	K	F	U	F	R	Q	E	T	D	N	M	Y	S	Z	A
E	P	C	T	Z	O	E	P	W	K	G	I	A	U	B	J	G	P	D
H	D	R	G	U	Z	Z	E	F	B	A	I	W	K	L	K	B	R	H
W	G	C	N	B	P	A	I	B	U	L	D	F	K	S	S	T	M	S
Q	Z	E	I	C	J	U	H	H	I	S	D	I	A	N	G	M	B	O
I	P	A	M	B	I	K	O	T	Y	G	P	D	I	I	K	U	D	G
P	T	H	R	X	P	T	S	S	P	B	E	A	M	O	M	G	Q	P
N	I	M	A	X	V	A	S	P	I	A	R	M	C	I	M	M	E	H
W	E	W	H	F	C	I	Z	A	J	T	R	C	E	F	E	P	S	A
S	U	Q	C	M	C	O	F	N	I	P	L	Z	H	O	G	I	Y	K
M	U	S	T	A	C	H	E	S	D	S	C	H	B	D	N	N	L	B
F	M	G	U	L	C	S	P	R	U	X	U	Y	V	A	C	O	N	K
F	A	V	C	L	C	N	E	E	H	D	K	H	P	E	E	L	A	C
W	H	T	S	U	O	N	I	G	V	P	E	S	T	X	M	D	M	F
A	S	D	H	R	L	A	R	N	W	I	L	T	P	N	X	O	S	C
A	P	I	X	E	A	T	D	I	I	M	S	A	O	P	E	D	D	X
P	O	O	Y	C	R	G	U	F	G	T	F	L	Y	V	X	Y	R	W
C	F	W	C	Y	G	L	I	R	N	U	M	Z	U	F	E	G	O	O
D	R	H	I	Q	W	I	Y	C	E	D	E	D	A	P	U	D	W	Y
P	U	B	Q	T	M	J	K	O	M	D	H	S	R	Q	M	L	S	V
J	T	R	O	M	A	N	T	I	C	P	W	Q	M	T	W	I	A	H

WORD LIST

CASTILIAN
CHARMING
CIGARS
CULTURED
DEVOTED
ENTHUSIASTIC
FATHERLY
FINGER SNAPS
IMPULSIVE
MUSTACHE
PLAYFUL
ROMANTIC
SPANISH
SWORDSMAN
TRAINS

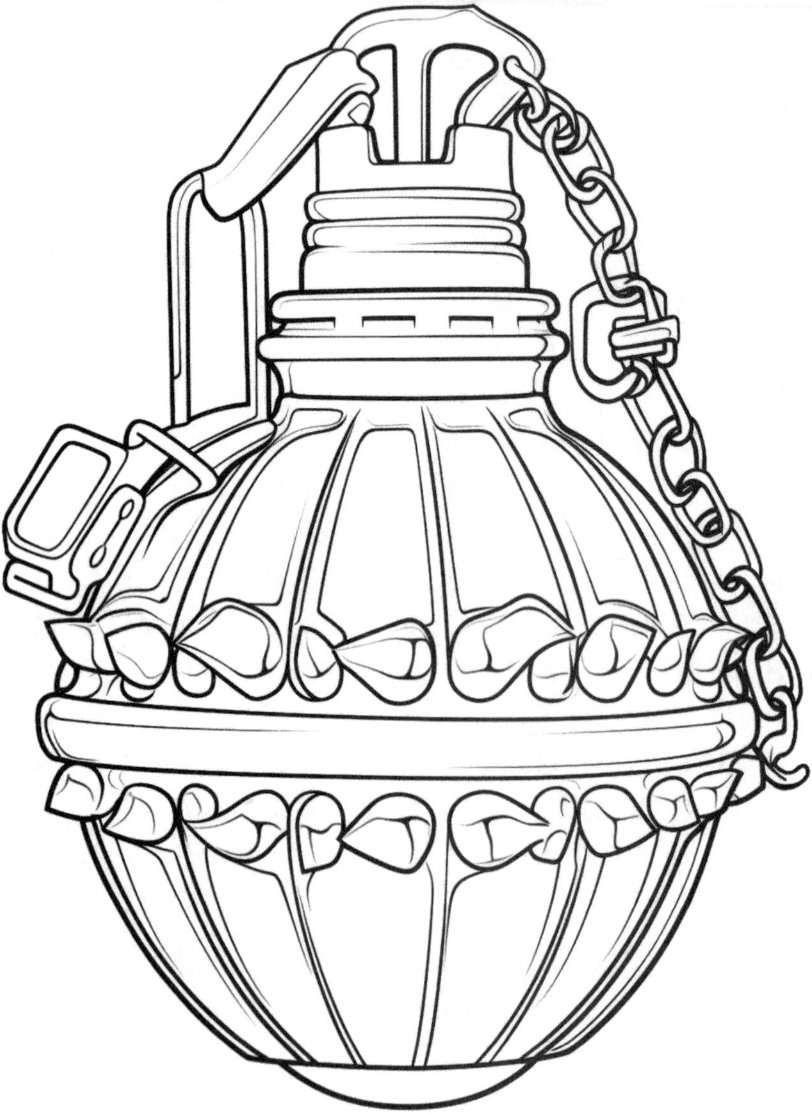

PUGSLEY ADDAMS

T	J	F	Q	N	E	T	B	P	V	J	Z	P	O	I	V	B	P	D
M	M	L	W	G	Q	B	R	O	A	D	G	R	I	N	X	V	B	E
E	O	M	F	I	S	H	I	N	G	P	D	N	G	J	Y	C	F	L
S	D	G	Z	P	W	G	C	S	R	L	G	W	A	C	Q	X	A	W
U	L	D	E	S	S	J	K	H	J	X	O	D	W	L	S	J	D	S
O	C	Z	Y	C	W	N	R	A	A	W	R	Z	R	A	U	H	V	O
V	V	N	M	N	B	E	O	K	I	O	M	P	G	Z	O	D	E	G
E	S	N	X	S	A	R	E	N	N	F	T	L	M	G	R	N	N	W
I	I	U	S	M	O	M	J	T	N	S	G	I	T	L	E	J	T	O
H	A	W	P	T	G	M	I	B	T	A	F	V	C	K	T	J	U	X
C	Y	V	U	W	S	Z	L	T	W	O	C	Y	D	F	S	D	R	H
S	U	N	W	U	L	D	A	F	E	J	O	C	J	W	I	J	O	W
I	D	B	Q	X	U	V	I	Y	X	Q	Z	T	W	I	O	I	U	U
M	Q	H	T	L	F	Q	V	Z	Y	W	I	U	H	C	B	G	S	Z
M	Y	J	E	Q	D	R	O	F	Q	I	X	C	K	K	N	R	M	V
X	S	U	Q	F	L	Z	J	O	U	A	W	D	P	E	S	E	X	Y
M	N	A	A	O	T	W	E	Y	Q	U	L	F	M	D	S	N	M	L
J	E	L	B	I	W	N	N	T	L	E	A	S	B	K	B	A	A	L
P	Z	G	N	E	X	P	L	O	S	I	V	E	S	Q	J	D	U	M
M	Y	E	O	Q	B	A	G	U	I	N	E	A	P	I	G	E	H	A
L	Q	H	N	U	G	P	K	Q	B	P	D	H	S	W	P	S	I	J

WORD LIST

ADVENTUROUS
BOISTEROUS
BROAD GRIN
CANNONS
CHAOTIC
DYNAMITE
EXPLOSIVES
FISHING
GRENADES
GUINEA PIG
JOVIAL
MISCHIEVOUS
ROTUND
SWEET TOOTH
WICKED

ENID SINCLAIR

Z	W	Y	W	F	F	H	R	L	K	H	F	O	U	E	F	N	D	Q
V	O	S	X	R	A	P	I	T	H	D	P	A	T	I	E	N	T	D
V	C	F	A	N	R	K	B	W	S	R	N	K	I	O	F	M	R	S
P	O	X	J	E	Q	E	Z	E	I	F	G	G	C	V	Y	E	M	G
C	C	N	P	D	Y	T	T	Q	M	J	H	D	E	L	M	Y	M	J
I	A	P	S	Z	X	E	E	A	A	Q	J	X	H	O	L	E	O	X
O	Y	S	U	U	E	S	S	U	E	P	N	X	O	O	C	I	S	J
U	L	U	F	R	O	L	O	C	U	K	A	L	C	A	N	R	W	E
V	X	B	U	B	B	L	Y	B	Q	D	B	C	K	D	N	T	V	E
M	U	S	K	G	C	O	C	W	S	E	W	S	E	P	V	I	C	L
B	X	P	N	L	X	U	D	D	T	L	U	P	Y	D	T	R	A	B
N	W	E	E	V	T	H	N	A	O	M	E	J	F	I	J	K	L	A
Y	A	N	M	E	W	Z	L	A	K	N	R	L	U	Z	D	E	I	E
I	T	V	S	P	R	M	J	N	D	M	O	T	J	C	Q	G	F	G
Q	C	Y	L	W	A	O	K	E	A	W	N	T	S	I	U	E	O	D
W	H	M	A	S	U	T	N	I	E	I	L	I	N	H	Q	Y	R	E
F	L	Y	C	A	N	T	H	R	O	P	I	C	L	J	B	L	N	L
Z	U	R	Z	H	W	E	E	E	O	I	D	A	Q	N	N	K	I	W
M	R	G	G	Y	S	W	D	Z	T	F	X	R	V	Q	S	Z	A	O
T	B	R	R	E	Y	M	C	A	A	I	I	E	T	X	D	R	N	N
N	Q	Y	J	W	V	F	E	P	F	L	C	A	Z	B	I	Z	S	K

WORD LIST

BUBBLY
CALIFORNIAN
COLORFUL
CUTESY
EMPATHETIC
ICE HOCKEY
INDEPENDENT
INTUITIVE
KNOWLEDGEABLE
LATE-BLOOMER
LYCANTHROPIC
PATIENT
PREPPY
SQUEAMISH
WEREWOLF

MARILYN THORNHILL

E	J	V	C	O	S	J	P	I	C	L	X	G	B	M	H	H	W	B
M	D	Q	U	W	G	L	X	T	V	T	N	B	X	H	C	T	X	Y
Z	S	Z	V	C	A	F	U	U	L	I	Z	T	T	S	M	S	V	M
D	Z	Q	R	H	Y	V	A	F	V	J	C	W	T	A	I	M	R	W
F	O	K	S	M	G	A	M	I	E	R	K	O	X	P	L	L	V	K
J	Q	R	P	E	Q	W	N	N	O	G	O	V	R	W	D	N	F	T
W	C	P	M	F	U	N	K	V	D	B	N	O	S	R	M	W	U	E
P	R	L	T	M	O	U	S	Y	D	C	F	E	H	R	A	W	G	U
N	V	A	W	C	O	D	Q	E	W	E	T	Q	V	I	N	S	Q	L
T	G	N	Y	M	K	M	R	G	S	A	T	O	R	Y	N	T	Y	U
Q	Q	T	D	C	N	V	T	S	G	R	H	U	F	J	E	S	J	F
S	C	E	O	S	O	G	I	L	T	Y	Y	J	R	Y	R	I	W	E
E	S	R	N	M	T	O	E	K	W	F	N	B	A	G	E	N	N	T
Z	W	O	V	Z	N	R	H	N	V	N	O	B	U	W	D	A	U	I
A	E	U	E	A	U	R	E	R	E	D	R	U	M	Q	Z	T	Q	P
Q	A	T	L	A	E	E	N	D	T	F	M	E	R	A	C	O	T	S
Q	T	F	L	C	P	E	I	Y	S	F	I	E	Z	H	Y	B	B	S
U	E	I	W	W	M	D	D	W	V	W	E	W	T	N	V	S	G	F
M	R	T	A	M	A	A	D	I	N	R	A	Z	B	M	K	S	Y	R
F	S	S	M	E	T	I	C	U	L	O	U	S	R	T	S	F	Y	B
V	C	O	D	C	N	J	D	C	M	D	E	C	E	P	T	I	V	E

WORD LIST

BOTANIST
CONNIVING
DECEPTIVE
DORM MOM
LAUREL GATES
METICULOUS
MILD-MANNERED
MURDERER
NORMIE
PLANTER OUTFITS
PROFESSIONAL
RED BOOTS
SPITEFUL
SWEATERS
VENGEFUL

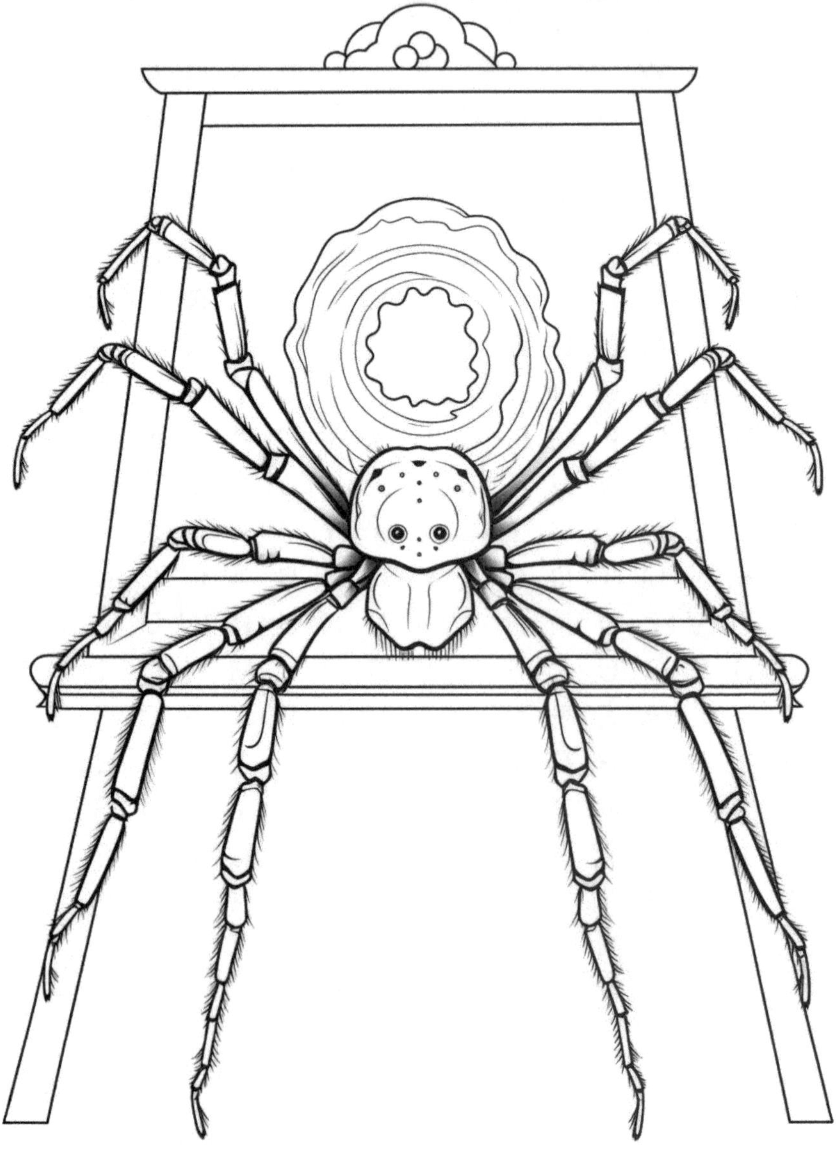

XAVIER THORPE

W	R	C	S	P	Q	B	R	U	Y	H	R	E	Q	C	J	H	X	R
D	E	G	I	Z	L	Y	C	K	D	O	A	R	N	P	I	M	P	E
Z	L	W	Y	H	Y	R	A	W	T	I	N	L	E	T	Y	O	J	D
C	I	O	Q	F	C	A	M	A	S	G	I	D	Z	H	H	V	P	A
H	A	N	I	L	X	Y	M	G	M	K	Y	P	T	S	C	R	Y	E
A	B	S	G	K	X	I	S	I	V	O	V	V	K	L	G	R	I	L
R	L	B	H	I	N	B	H	P	D	I	N	R	L	N	W	W	A	L
I	E	P	L	A	B	T	E	J	N	F	O	T	I	U	C	A	S	A
S	A	R	T	I	S	T	R	Y	D	W	Q	N	I	K	T	F	A	R
M	R	R	X	V	T	R	F	E	D	D	O	B	O	L	P	H	Z	U
A	A	Y	B	E	I	B	W	E	V	I	D	W	B	K	L	S	C	T
T	X	L	E	P	K	S	N	Y	T	M	R	D	G	P	F	A	L	A
I	L	W	R	P	S	O	I	S	Q	Y	E	E	L	Q	N	U	D	N
C	S	N	G	X	D	F	E	O	B	Y	A	E	L	L	F	C	K	O
G	Q	U	T	N	E	U	R	Z	N	T	M	M	H	T	N	C	O	D
W	U	P	A	R	Q	R	Q	D	S	A	E	M	H	H	W	J	M	T
L	T	B	H	U	H	Z	N	N	V	B	R	G	W	O	F	O	E	B
C	A	H	U	M	I	L	I	T	Y	F	I	Y	V	V	T	Z	V	L
P	O	E	I	R	Z	M	I	H	E	S	C	F	A	Z	H	C	V	N
O	G	U	J	E	P	U	I	B	N	S	G	H	I	F	S	P	W	A
I	P	X	S	C	S	Z	P	I	Y	F	L	U	R	W	F	R	L	E

WORD LIST

ABANDONED WORKSHOP
AMONTILLADO
ARCHER
ART ANIMATOR
ARTISTRY
CHARISMATIC
DREAMER
HUMILITY
INSIGHTFUL
NATURAL LEADER
PSYCHIC
QUESTIONING
RELIABLE
SWEET
VISIONARY

TYLER GALPIN

E	O	D	F	R	E	F	O	R	M	E	D	B	U	L	L	Y	W	W
I	G	B	R	A	I	N	W	A	S	H	E	D	P	M	D	W	I	U
A	J	A	B	O	L	E	K	J	N	R	N	E	B	O	K	A	L	W
V	R	S	E	S	M	S	O	B	A	X	M	U	A	L	U	C	L	E
E	E	G	Q	N	B	B	E	Q	P	C	C	R	R	O	T	U	O	K
M	E	N	P	O	I	F	T	N	M	H	K	K	I	B	N	M	W	F
W	E	F	A	M	Y	L	O	T	O	P	V	H	S	C	A	H	H	O
R	T	S	G	V	N	T	T	S	O	R	T	Z	T	V	G	T	I	O
B	C	N	P	X	R	K	W	E	E	R	M	A	A	W	O	R	L	T
K	I	A	E	R	H	E	A	W	R	M	L	I	S	X	R	Y	L	B
H	T	N	P	G	E	Q	H	O	B	C	E	Q	E	B	R	A	P	A
H	S	P	H	T	A	S	X	T	O	J	E	U	A	N	A	G	S	L
K	I	C	B	M	K	E	S	A	A	N	I	S	A	K	Q	G	Y	L
U	D	L	T	K	I	D	L	O	Z	E	H	E	F	Z	Q	R	C	P
E	A	B	R	K	B	K	K	B	M	T	W	W	Y	G	N	E	H	L
I	S	V	U	Y	F	Y	G	Q	U	A	Q	P	L	K	G	S	I	A
Q	D	E	S	N	J	Q	H	I	J	O	C	X	Z	K	W	S	A	Y
D	B	P	T	O	A	V	V	X	J	W	D	H	Y	D	E	I	T	E
E	Q	K	I	K	H	E	S	B	B	U	T	J	I	T	Y	V	R	R
B	O	H	N	U	X	T	K	A	C	B	S	X	A	N	X	E	I	E
K	C	F	G	E	V	E	L	A	N	S	Y	N	O	M	E	L	C	E

WORD LIST

AGGRESSIVE
ARROGANT
BARISTA
BRAINWASHED
DOUBLE AGENT
ESPRESSO MACHINE
FALSE NORMIE
FOOTBALL PLAYER
HYDE
REFORMED BULLY
SADISTIC
SECRET LINEAGE
TRUSTING
WEATHERVANE
WILLOWHILL PSYCHIATRIC

GRANNY FRUMP

F	N	J	A	H	M	I	E	T	F	V	F	F	P	F	E	O	T	Y
C	Q	R	D	J	K	L	J	I	W	L	O	L	X	W	M	A	H	A
V	O	G	C	X	U	A	Y	E	B	J	V	Y	J	N	U	R	D	L
G	B	R	W	I	T	C	H	C	S	G	I	D	W	A	R	L	N	V
Z	U	F	E	X	U	T	R	K	A	I	C	Y	R	S	E	L	I	L
F	K	O	V	D	H	Y	M	V	O	O	W	E	V	S	R	W	D	Q
U	C	H	Q	Z	L	V	O	D	N	O	W	G	I	J	X	B	R	G
N	I	X	E	P	Z	E	A	O	E	E	K	R	C	A	N	R	J	Q
C	T	L	F	S	G	L	R	J	R	K	G	Y	E	G	H	K	M	B
O	S	V	D	E	T	D	O	B	T	R	L	K	Y	W	B	I	J	R
N	M	H	Q	Z	L	E	N	Y	T	U	A	E	B	R	E	N	N	I
V	O	W	B	U	N	O	R	E	O	L	P	I	Q	U	I	R	K	Y
E	O	H	A	I	I	L	G	F	D	D	L	S	X	F	A	F	B	Q
N	R	C	I	T	O	N	S	Y	R	O	M	A	A	L	H	J	F	J
T	B	U	O	N	A	I	K	D	B	U	Y	I	C	L	B	Y	I	J
I	G	P	F	R	G	P	G	U	R	F	M	X	G	I	X	D	B	X
O	N	N	T	F	U	L	X	Q	H	K	H	P	Z	F	T	W	A	L
N	I	S	F	A	M	I	L	I	A	L	G	U	I	D	E	S	Z	S
A	Y	T	K	A	B	T	T	H	T	H	R	P	Q	M	Z	Q	Y	T
L	L	L	Z	I	A	C	F	X	Y	S	I	U	O	Q	F	D	Z	M
F	F	I	V	W	J	W	D	N	P	E	N	K	F	K	M	E	P	G

WORD LIST

CAULDRON
ELDER
FAMILIAL GUIDE
FLYING BROOMSTICK
GRISELDA
HESTER FRUMP
INNER BEAUTY
KOOKY
MYSTICAL
POTION-BREWER
QUIRKY
STRANGE
UNCONVENTIONAL
WISE
WITCH

GRANDMAMA

Z	W	O	I	V	X	G	D	H	O	I	B	O	N	N	V	C	O	R
H	P	W	D	V	D	G	R	O	L	H	M	O	X	X	I	Y	N	E
U	G	M	H	B	H	X	R	S	D	M	I	W	N	Z	V	N	G	C
H	F	F	J	S	Q	M	F	C	H	T	K	U	Q	A	L	I	U	R
B	U	O	X	S	T	T	T	A	A	B	R	L	D	F	A	C	P	E
M	S	F	R	E	G	N	D	X	G	C	T	D	S	N	R	A	U	A
K	R	P	M	T	L	I	A	P	B	A	A	H	S	D	G	L	S	T
L	A	D	O	J	U	T	J	A	N	M	A	Q	V	C	E	T	M	I
I	H	H	P	T	I	N	N	B	S	P	Y	A	Q	E	M	M	A	O
J	M	W	E	T	I	N	E	M	Z	T	P	A	B	N	O	O	D	N
C	A	P	N	X	J	O	A	T	L	O	B	T	Y	T	L	R	D	A
G	K	A	V	K	E	T	N	A	E	A	S	Z	W	E	E	B	A	L
V	U	H	U	J	R	S	D	S	T	L	Y	O	E	N	J	I	A	O
I	B	B	M	I	O	L	R	T	M	E	L	W	S	A	Q	D	R	C
Z	S	E	A	Z	A	V	L	J	E	A	C	E	H	R	J	H	O	C
S	B	R	G	R	I	E	W	L	W	P	K	A	R	I	J	U	D	U
N	C	W	E	W	A	U	P	C	D	K	U	E	H	A	J	M	U	L
H	D	M	Q	X	P	Q	V	Q	T	J	K	Y	R	N	G	O	E	T
Y	S	B	E	I	I	W	M	S	N	F	G	H	F	Y	L	R	U	I
E	A	L	L	I	G	A	T	O	R	W	R	E	S	T	L	E	R	S
Q	E	V	J	E	P	J	Q	I	R	E	K	P	G	R	J	F	B	T

WORD LIST

ADDAMS MATRIARCH
ALLIGATOR WRESTLER
ANTI-TAXATION
BATTLE AXE
CENTENARIAN
CYNICAL
ESMERALDA
EUDORA ADDAMS
FORTUNE-TELLER
HEXES
LARGE MOLE
MORBID HUMOR
OLD HAG
POTIONS MAKER
RECREATIONAL OCCULTIST

UNCLE FESTER

F	E	G	T	I	B	E	T	A	N	M	O	N	A	S	T	E	R	Y
U	B	C	J	S	K	Y	O	P	R	I	S	O	N	E	R	S	L	D
G	F	E	C	N	R	G	P	U	N	N	U	F	G	K	C	M	H	O
I	O	K	E	E	R	T	C	O	N	D	U	C	T	I	V	I	T	Y
T	O	D	N	H	N	T	W	G	Z	C	N	V	E	P	O	W	S	N
I	G	S	B	O	I	T	D	X	E	W	Q	F	E	S	N	E	O	V
V	R	I	Y	D	W	V	R	G	U	Y	Z	G	X	F	V	L	B	E
E	Z	L	P	Y	X	L	E	I	S	S	K	M	Z	V	C	E	O	X
R	S	H	I	F	P	U	E	S	C	K	C	R	L	Z	N	C	E	P
B	E	J	A	G	S	X	M	D	H	B	X	G	I	K	A	T	I	Q
T	C	Q	H	S	H	L	N	O	G	E	F	H	V	U	R	R	N	F
I	R	T	Z	K	T	T	X	M	S	E	D	Y	C	E	Q	O	X	S
O	E	F	O	U	H	U	B	B	U	L	A	W	V	F	C	K	W	B
U	T	R	L	L	G	S	O	U	I	T	U	B	Z	J	P	I	Y	R
C	I	I	N	K	U	O	K	M	L	F	Y	Q	L	X	B	N	A	T
R	V	I	E	I	T	S	P	V	G	B	V	B	D	E	E	E	Z	S
R	E	P	L	N	X	E	A	N	V	N	B	L	S	R	R	T	Q	Q
E	S	A	A	G	Y	J	U	J	L	B	A	G	P	I	H	I	C	I
I	A	P	S	S	E	K	Z	J	Z	B	R	Q	O	C	P	C	I	G
U	N	P	R	E	D	I	C	T	A	B	L	E	D	S	Z	S	Q	S
M	D	R	P	G	W	S	O	O	T	N	M	F	Y	T	P	I	I	X

WORD LIST

BALD
BEEHIVE SHED
CONDUCTIVITY
ECCENTRIC
ELECTROKINETIC
FUGITIVE
KNOWLEDGEABLE
KUNG FU
LIGHTBULB
PRISONER
QUIRKY
SECRETIVE
SKULKING
TIBETAN MONASTERY
UNPREDICTABLE

WEREWOLVES

J	L	M	M	P	K	V	D	Y	U	I	R	B	I	I	L	C	H	A
T	J	S	T	O	K	P	T	X	F	D	M	N	N	R	L	Q	J	I
F	C	J	D	F	H	A	B	L	B	W	L	N	E	N	M	M	T	A
G	D	T	C	U	T	S	O	C	X	U	T	F	X	G	D	K	M	T
R	T	A	O	O	F	W	Q	H	G	R	E	D	M	E	A	T	M	E
Q	Q	A	D	N	E	C	L	A	W	S	Y	H	N	A	I	B	M	R
Z	X	I	L	N	B	Z	F	W	W	P	R	J	B	Z	X	R	F	R
K	M	W	O	Q	Q	U	M	U	O	W	K	Y	J	E	X	V	R	I
A	V	L	U	S	L	P	C	R	E	V	C	S	I	L	V	E	R	T
Z	C	B	P	L	Q	L	H	P	K	G	Q	K	M	C	F	K	F	O
M	C	I	M	C	N	T	V	H	E	C	N	D	Z	K	A	L	K	R
Q	N	O	Y	K	N	W	O	L	F	P	A	C	K	X	N	U	T	I
Y	O	P	L	A	S	F	H	F	H	J	D	W	D	L	G	P	D	A
N	P	R	C	B	E	O	E	T	M	H	F	I	J	X	S	E	Y	L
Z	Q	Y	F	I	S	H	U	N	T	U	W	N	J	S	K	N	F	H
G	L	Q	C	Z	P	B	K	Q	H	J	I	I	J	T	B	C	U	O
A	S	T	U	O	G	N	I	F	L	O	W	F	L	M	I	A	W	Q
G	C	N	X	W	Y	E	R	P	M	Z	N	I	A	D	J	G	V	W
T	U	C	U	I	N	G	H	N	L	X	O	K	Q	E	D	E	W	U
K	E	S	A	R	Q	M	H	B	M	V	T	K	G	K	S	P	N	R
M	N	K	Q	J	F	X	C	I	A	R	Y	H	O	W	L	I	N	G

WORD LIST

CLAWS
FANGS
FULL MOON
HOWLING
HUNT
LONE WOLF
LUPEN CAGE
LYCANTHROPY
PREY
RED MEAT
SILVER
TERRITORIAL
WILD
WOLF PACK
WOLFING OUT

SIRENS

U	P	O	B	N	C	L	V	J	Z	A	T	N	E	G	A	M	V	F
Z	F	I	T	O	F	Z	R	C	Y	W	D	S	N	S	D	M	Z	C
P	O	C	V	W	S	S	E	D	U	C	T	I	V	E	K	R	G	Z
V	D	W	E	B	B	E	D	H	A	N	D	S	D	Q	O	N	W	G
U	C	M	P	S	I	R	E	N	S	O	N	G	P	P	I	L	D	S
K	M	Q	Z	Q	F	I	U	P	A	K	F	E	X	T	I	E	H	P
O	I	A	Q	O	N	J	G	X	P	P	X	B	N	N	C	U	M	M
H	H	S	N	K	Y	R	K	U	Y	G	I	A	N	E	N	K	E	R
C	S	D	Z	I	S	C	A	L	E	S	H	N	P	O	G	U	R	A
F	G	P	W	Q	P	Q	Q	L	S	C	Y	T	U	H	O	Y	M	P
G	W	K	E	V	N	U	V	H	N	U	I	B	K	N	S	N	A	M
L	D	Y	F	L	G	U	L	E	S	V	O	J	V	Q	U	Z	I	Q
T	S	O	N	Z	L	L	X	A	E	O	O	R	V	L	O	N	D	G
D	J	A	Q	W	R	B	M	C	T	D	U	B	E	X	D	P	O	D
J	E	L	X	Y	B	L	I	E	I	I	J	N	G	G	Y	P	I	Y
A	B	L	T	F	M	C	B	N	D	T	O	Y	D	A	N	C	M	L
K	H	U	S	E	Y	Z	Z	Q	D	H	A	N	V	W	G	A	W	R
O	O	R	U	A	X	N	G	D	Z	I	I	U	V	P	A	R	D	B
U	U	I	Q	M	A	Q	V	X	Q	Y	N	O	Q	S	K	V	I	E
I	D	N	B	E	W	I	T	C	H	I	N	G	G	A	D	N	E	K
U	K	G	J	S	H	G	M	W	R	P	S	D	D	L	I	S	T	S

WORD LIST

ALLURING
AQUATIC
BEWITCHING
DANGEROUS
DECEPTIVE
ENCHANTING
MAGENTA
MANIPULATION
MERMAID
SCALES
SEDUCTIVE
SIREN SONG
SOUND WAVES
SPELLBINDING
WEBBED HANDS

MACABRE

P	G	G	Y	K	V	K	A	S	Z	C	F	M	U	G	Q	U	Q	T
F	L	K	O	L	K	H	K	P	S	S	O	V	Y	Y	B	D	E	S
H	T	I	T	T	M	Y	A	T	P	C	S	G	K	Y	N	R	I	L
X	I	X	A	C	H	R	D	S	Y	Y	P	U	W	G	R	R	G	M
A	D	D	U	V	R	I	B	Z	M	A	G	E	O	I	K	D	I	K
E	D	I	E	D	F	L	C	Z	W	H	I	W	F	N	A	Z	I	O
O	M	Q	B	O	R	Q	Z	G	E	R	N	Y	R	T	I	K	L	U
X	L	O	E	R	U	E	L	M	D	M	I	W	Y	L	K	M	N	U
V	P	R	S	N	O	S	A	A	N	N	F	U	P	R	M	S	O	Z
K	V	G	J	E	E	M	I	D	G	K	P	L	A	W	E	Y	Y	J
S	F	J	U	N	U	I	S	Z	F	Y	S	D	P	T	A	M	U	T
S	T	W	J	U	M	R	C	F	G	U	O	B	T	G	L	O	M	V
U	L	F	S	G	O	O	G	U	H	H	L	L	V	U	D	S	Q	U
O	E	R	L	H	R	S	P	S	G	O	I	M	J	Q	N	F	J	H
I	O	Y	L	Y	U	I	Y	F	M	N	R	N	N	T	A	T	V	L
R	R	W	R	V	W	N	M	R	G	Y	Z	R	T	J	H	I	J	K
E	B	O	N	N	G	I	L	V	Q	A	Y	T	I	E	D	U	R	V
T	G	T	W	X	Z	S	E	N	W	F	G	I	P	D	H	O	V	G
S	W	P	R	D	A	T	L	P	N	Y	I	Z	D	B	S	U	J	W
Y	J	B	C	L	L	E	N	H	G	C	A	Z	G	X	O	J	B	E
M	G	Y	M	H	F	R	L	I	O	M	F	P	S	R	N	T	I	B

WORD LIST

DARK
DREADFUL
GORY
GOTHIC
GRIM
GRUESOME
HIDEOUS
HORRID
MORBID
MYSTERIOUS
OMINOUS
SINISTER
TERRIFYING
UNSETTLING
WEIRD

HAUNTED HOMES

E	E	N	K	R	F	E	E	U	N	E	R	L	J	W	K	Y	K	O
L	J	A	G	S	K	E	L	E	T	O	N	S	T	R	D	T	G	Q
P	G	H	O	U	L	S	M	P	P	N	O	B	X	B	Z	N	Q	H
I	S	Y	F	N	O	X	X	E	H	Q	G	V	R	C	I	I	L	T
P	Y	I	L	G	R	J	K	X	A	N	A	A	N	K	D	C	C	L
E	P	O	C	Y	F	L	S	X	N	S	X	T	A	K	Z	I	W	N
O	O	M	K	L	U	P	B	A	T	Z	Q	E	E	C	O	N	J	X
R	L	U	P	S	O	N	P	Q	O	D	R	O	B	Q	M	F	T	M
G	T	D	T	O	P	I	P	V	M	C	E	S	D	W	Z	H	C	H
A	E	M	K	H	F	D	P	J	S	Y	E	N	B	S	Z	N	T	H
N	R	Y	V	X	Y	A	U	Z	N	T	M	E	O	E	B	Q	Y	X
D	G	L	N	V	E	R	C	U	I	R	I	R	R	D	W	F	O	Q
P	E	F	O	J	I	K	H	R	R	O	N	R	C	I	N	B	C	F
Z	I	S	I	T	K	N	A	Y	A	Z	P	J	I	Y	E	A	O	X
L	S	C	T	P	L	E	M	Y	I	R	S	C	R	P	T	M	B	C
I	T	M	I	S	W	S	G	D	G	J	S	D	I	L	S	S	W	A
A	S	C	R	Z	O	S	Z	O	I	Y	S	C	R	E	E	P	Y	T
F	Y	L	A	P	I	H	P	W	R	O	C	Z	L	P	M	S	O	Y
D	H	X	P	F	I	C	G	U	K	L	V	G	Y	D	Q	H	H	Y
Y	O	Z	P	D	Z	G	O	N	Z	O	S	L	Z	S	G	L	W	R
P	Y	L	A	W	V	O	K	J	X	C	H	S	Q	Q	K	R	C	G

WORD LIST

ABANDONED
APPARITION
COBWEBS
CREAKING
CREEPY
DARKNESS
EERIE
GHOSTS
GHOULS
PHANTOMS
PIPE ORGAN
POLTERGEISTS
SKELETONS
SPIRITS
SPOOKY

NEVERMORE ACADEMY

O	L	N	C	G	X	I	K	I	Q	S	V	H	A	B	G	Z	U	S
Y	N	R	I	S	E	A	N	C	E	S	O	C	I	E	T	Y	K	N
S	I	E	J	G	J	D	T	Q	R	C	A	Z	W	K	L	T	I	D
L	E	H	V	E	H	H	K	U	P	I	C	Z	D	L	L	G	S	U
S	C	C	T	E	F	T	R	O	B	G	I	H	A	V	H	C	L	I
E	U	N	N	F	R	X	S	N	A	A	Q	H	L	T	S	O	W	A
P	U	K	S	E	I	M	E	H	K	M	A	H	S	D	O	N	H	F
F	I	P	H	M	I	V	O	J	A	I	W	H	G	H	Q	C	D	P
K	K	T	S	M	A	C	R	R	L	D	A	M	C	M	B	E	J	E
A	S	A	C	H	U	I	S	E	E	D	E	S	Z	U	O	A	M	B
K	J	E	E	H	N	W	H	L	E	H	L	S	L	E	W	L	T	C
C	G	F	D	Z	S	P	L	S	A	A	U	C	O	S	J	E	Q	O
B	A	D	J	P	O	L	L	Y	M	C	Y	M	T	C	X	D	T	O
S	E	T	D	N	O	I	A	R	R	R	I	S	M	Z	I	R	J	L
Y	D	L	T	A	B	E	O	P	E	Z	A	N	I	E	T	E	K	K
K	P	K	L	R	X	N	C	H	S	C	Y	M	A	X	R	Q	T	V
Z	W	J	A	B	A	Q	C	U	T	C	Y	H	X	T	H	S	N	Y
J	U	R	Z	R	X	R	Q	U	P	B	L	T	L	V	O	L	U	M
W	Y	P	A	V	A	S	O	N	J	N	S	U	E	B	P	B	K	C
N	L	P	N	Y	T	J	X	M	C	K	J	Z	B	L	S	X	G	H
X	Y	T	W	W	Z	M	I	M	Y	S	T	E	R	I	E	S	W	Z

WORD LIST

ARCHERY CLUB
BOTANICAL SCIENCES
CONCEALED
MAGIC
MYSTERIES
NEVERMORE HUMMERS
NIGHTSHADE SOCIETY
NIGHTSHADES LIBRARY
OPHELIA HALL
OUTCASTS
PARANORMAL SCHOOL
PITCH SLAPS CLUB
POE CUP
SAFE HAVEN
SEANCE SOCIETY

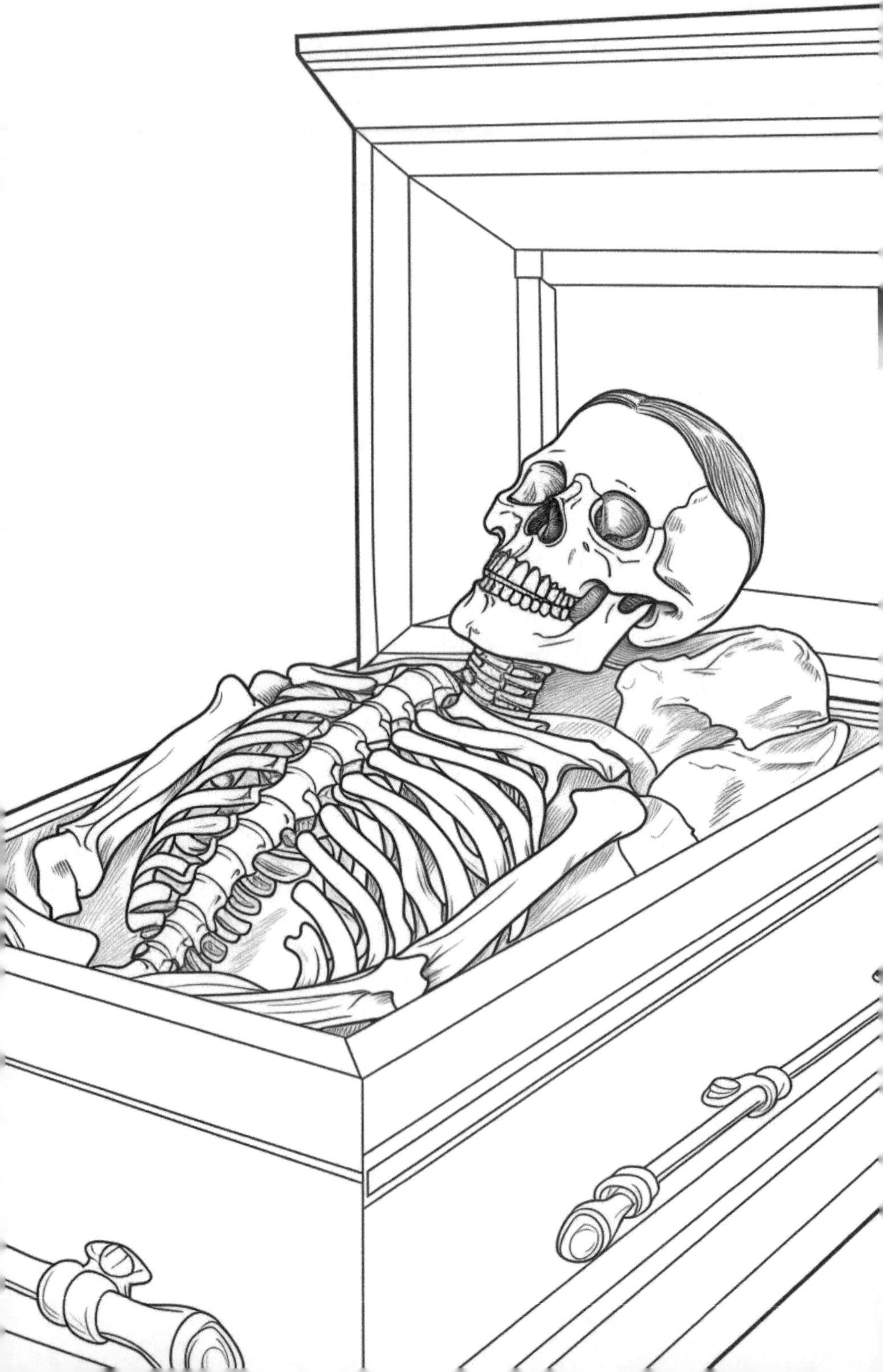

FUNERAL INDUSTRY

L	O	Q	V	P	O	U	K	U	R	N	Q	N	V	A	V	F	W	W
I	S	U	L	B	D	Z	E	M	P	A	L	L	B	E	A	R	E	R
H	R	E	W	C	N	V	B	U	R	I	A	L	G	T	P	V	Y	T
R	S	H	W	E	O	Q	T	I	O	E	F	E	X	G	P	O	T	J
D	P	O	P	T	C	N	H	V	L	H	Q	A	R	F	L	Y	D	A
V	R	G	V	X	O	B	D	Q	H	V	F	O	R	B	M	D	R	H
N	E	T	R	C	B	M	T	O	Q	S	Q	K	T	G	Y	I	L	C
C	N	N	T	I	S	D	B	U	L	C	C	J	D	D	T	Z	F	D
E	H	E	Q	R	E	D	A	S	K	E	T	M	U	V	X	V	A	G
M	P	M	N	A	L	F	S	Y	T	X	N	M	P	B	T	B	X	D
E	D	N	M	G	K	X	Q	T	C	O	S	C	F	T	K	M	M	E
T	Y	R	O	F	V	B	T	U	W	V	N	U	E	S	U	J	S	C
E	H	E	R	V	C	W	L	V	V	L	N	E	E	S	W	R	A	C
R	A	T	T	X	P	M	U	N	U	E	M	T	W	N	A	N	S	O
Y	O	N	U	Q	E	I	B	Z	R	C	I	M	V	E	I	M	K	G
K	R	I	A	L	Q	F	V	A	B	R	J	P	H	F	P	V	O	D
N	F	L	R	P	Y	P	L	J	T	O	T	X	F	R	I	O	M	N
N	Q	E	Y	B	Z	H	O	S	Y	C	V	O	T	E	N	Z	W	M
N	P	Q	V	O	O	J	A	D	Z	Q	C	N	P	N	V	W	K	I
H	C	M	V	M	Q	L	Q	H	F	R	S	M	V	D	N	J	O	L
F	R	N	E	J	U	F	L	W	B	E	M	B	A	L	M	I	N	G

WORD LIST

BURIAL
CEMETERY
COFFIN
CONDOLENCES
CRYPT
EMBALMING
FUNERAL HOME
GRIEF
HEARSE
INTERNMENT
LAST RITES
MORTUARY
PALLBEARER
TOMBSTONE
URN

WITCHCRAFT

S	Q	O	B	V	F	K	P	M	Q	S	P	P	S	I	K	E	P	I
D	N	H	N	D	S	A	J	M	S	T	S	U	B	N	D	R	L	M
R	Z	D	Q	E	G	O	E	O	K	G	I	P	H	V	E	R	C	D
H	E	D	C	A	W	J	M	O	O	Y	J	U	Z	O	Z	S	O	V
Y	Y	P	N	B	R	G	I	N	O	S	D	M	V	C	T	P	N	T
K	H	I	W	C	A	Y	Q	P	B	L	N	Q	B	A	H	G	J	E
W	S	Y	B	W	A	L	M	H	L	L	P	O	F	T	G	M	U	L
M	U	T	S	J	J	P	A	A	L	E	Z	B	K	I	K	R	R	K
F	O	J	P	T	A	Z	G	S	E	P	C	S	E	O	C	I	A	Y
Q	J	O	H	W	D	Q	I	E	P	S	J	A	V	N	H	V	T	P
I	B	N	K	O	I	T	C	S	S	A	P	N	U	A	A	E	I	C
I	N	A	M	G	L	T	K	B	Q	Y	G	O	C	L	L	K	O	G
Y	D	C	L	U	R	Q	C	C	G	K	C	G	T	S	D	C	N	R
Q	O	W	C	Y	H	I	X	H	I	W	F	M	Z	I	K	R	J	B
M	Z	C	Q	Z	G	Q	M	R	E	T	S	A	P	R	O	U	O	C
T	O	T	N	M	R	A	C	O	P	R	S	I	M	F	N	N	Z	N
Y	P	L	U	V	Q	C	M	S	I	D	Y	M	V	I	V	U	S	A
X	G	T	W	X	Z	X	P	P	V	R	O	V	O	F	L	S	U	G
V	N	C	X	D	W	F	N	S	Z	W	E	W	B	O	Q	I	Y	U
P	V	D	J	S	W	D	N	S	L	A	U	T	I	R	R	P	A	P
G	E	U	D	R	T	N	M	L	U	S	K	E	W	A	K	B	I	R

WORD LIST

BROOMSTICK
CAULDRON
CONJURATION
FAMILIAR
GRIMOIRE
INVOCATION
MAGIC
MOON PHASES
OCCULT
PAGANISM
POTIONS
RITUALS
SPELL BOOK
SPELLS
WITCHERY

SALEM, MA

H	N	M	Y	Q	Q	Y	W	H	I	Z	Y	X	X	B	T	T	E	G
N	A	N	V	F	B	F	U	P	C	H	M	W	X	F	P	B	D	K
A	T	E	Q	U	S	F	D	A	O	M	S	E	A	V	B	I	S	M
H	H	W	M	Q	C	N	O	H	R	R	P	R	D	Z	R	H	A	Z
Q	A	B	I	U	U	F	T	I	B	E	C	S	I	U	W	Y	W	M
P	N	J	E	I	E	S	L	L	I	H	S	W	O	L	L	A	G	S
N	I	H	B	W	Z	S	C	D	C	X	T	R	G	N	O	N	E	B
O	E	T	N	Z	I	N	U	T	N	I	A	N	C	B	T	S	O	X
I	L	L	X	N	A	T	I	M	C	Z	O	G	P	W	U	V	E	J
S	H	L	B	L	K	W	C	T	N	I	G	D	X	O	Y	S	H	N
N	A	S	S	S	W	W	A	H	T	O	B	K	H	J	S	X	E	O
A	W	R	G	P	A	X	I	A	E	I	E	R	Z	E	F	E	T	H
M	T	I	O	G	B	L	L	T	L	D	O	G	Y	C	W	H	I	A
D	H	A	V	H	S	O	E	E	C	T	S	D	N	O	C	S	T	P
E	O	A	B	M	M	G	L	M	C	H	O	T	L	U	T	O	U	O
T	R	N	J	M	D	O	W	O	C	B	T	L	A	O	D	R	B	B
N	N	N	I	X	R	F	R	Y	A	O	A	R	R	T	I	L	A	N
U	E	G	G	P	P	P	M	E	S	H	M	I	I	T	U	I	J	O
A	Z	U	T	W	P	T	P	A	M	A	C	M	A	A	K	E	B	S
H	F	J	L	Y	J	U	G	L	K	A	B	N	O	X	L	I	J	N
P	S	P	R	X	J	R	C	P	L	H	S	I	G	N	I	S	X	M

WORD LIST

BEWITCHED STATUE
DUNGEON MUSEUM
GALLOWS HILL
HALLOWEEN
HAUNTED MANSION
HISTORICAL
IMMOLATION
NATHANIEL HAWTHORNE
PEABODY ESSEX
PROCTOR HOUSE
PURITANS
SALEM COMMON
TITUBA
WITCH TRIALS
WITCHCRAFT

JERICHO, VA

O	O	I	H	H	Z	M	J	T	L	W	L	T	T	W	W	P	E	Y
K	I	A	V	W	S	C	G	Z	S	I	I	W	I	D	H	A	T	H
L	Y	O	Q	G	L	O	C	H	P	R	S	A	A	J	M	E	E	A
F	Z	M	H	A	U	N	T	E	D	P	L	A	C	E	S	H	K	R
G	L	L	Y	I	S	D	R	E	E	K	U	J	V	V	E	S	R	V
F	F	W	M	S	L	Q	U	T	W	G	F	D	E	C	K	H	A	E
O	A	L	R	N	T	H	P	K	W	U	N	R	O	Y	Y	A	M	S
V	T	F	Q	O	Y	E	R	I	K	S	M	C	G	Q	O	I	S	T
P	G	M	E	G	J	R	R	F	L	O	D	J	J	I	K	R	R	F
W	S	U	B	R	L	B	O	I	N	G	T	K	N	S	S	U	E	E
S	E	Y	B	N	U	H	Z	T	O	N	R	M	Q	W	C	B	M	S
T	I	A	E	P	H	T	H	F	S	U	F	I	T	A	C	C	R	T
N	R	K	T	O	J	T	W	E	S	I	S	N	M	T	I	L	A	I
U	O	P	R	H	G	G	C	E	B	E	H	E	V	W	K	P	F	V
H	T	W	I	G	E	R	P	T	K	T	S	N	V	E	O	F	B	A
H	S	M	G	L	O	R	E	J	P	E	D	E	E	E	R	R	B	L
C	T	N	W	W	G	W	V	I	T	C	T	S	I	D	N	P	L	E
T	S	C	S	O	F	R	S	A	O	L	G	W	C	M	D	T	B	D
I	O	H	F	V	S	Q	I	O	N	S	S	L	A	U	R	I	S	O
W	H	M	L	V	S	P	J	M	C	E	P	W	G	H	V	O	H	I
A	G	H	C	Z	G	H	U	G	S	X	Z	L	O	M	I	Y	N	R

WORD LIST

CROWS
FARMER'S MARKET
GHOST STORIES
HARVEST FESTIVAL
HAUNTED PLACES
HAWTE KEWTURE
HIDDEN HISTORY
MYSTERIOUS EVENTS
NORMIES
PILGRIM WORLD
PILGRIMS
URIAH'S HEAP
VERMONT
WEATHER VANE
WITCH HUNTS

THE OCCULT

X	O	C	A	U	S	Q	A	R	X	C	P	G	D	C	Z	O	B	T
L	N	U	R	W	C	S	Y	W	I	K	Y	S	O	N	L	N	A	Q
M	E	T	Y	B	X	G	W	B	S	S	S	J	J	G	J	R	M	L
W	C	J	G	N	I	T	S	A	C	L	L	E	P	S	O	J	I	N
E	R	S	X	R	O	A	F	S	Y	H	K	D	O	T	I	S	O	Z
N	O	F	N	H	Q	T	H	R	V	W	C	R	C	G	E	I	K	Z
A	M	N	C	O	R	A	E	F	K	Y	P	A	H	L	T	M	A	V
A	A	G	G	E	I	C	N	B	Y	X	R	V	L	A	J	Y	B	C
F	N	P	A	C	R	T	I	N	N	D	D	X	N	D	J	S	B	U
Z	C	P	O	O	H	A	A	A	S	E	C	I	D	S	E	T	A	S
M	Y	F	S	Z	A	S	Q	T	M	X	V	X	Z	X	Y	I	L	P
N	C	V	L	I	C	T	P	O	N	I	Q	U	E	J	N	C	A	I
V	S	L	I	L	F	R	N	D	D	A	R	H	G	F	C	I	H	R
H	W	A	P	C	A	O	Z	O	A	I	C	X	R	Z	F	S	H	I
D	A	Y	A	Q	L	L	Q	H	F	N	B	N	F	M	R	M	T	T
Q	M	S	M	O	B	O	X	R	U	N	E	S	I	I	C	G	Z	U
A	H	S	G	E	S	G	Y	M	G	U	N	N	X	G	A	A	B	A
I	R	Y	N	G	H	Y	K	O	I	C	J	O	K	K	T	S	Y	L
P	Z	Z	U	P	B	C	M	S	I	C	I	T	E	M	R	E	H	I
V	L	E	D	R	N	X	L	I	L	I	Y	C	J	H	K	I	C	S
Z	T	E	R	Q	U	Z	V	A	T	A	X	W	I	B	N	R	M	M

WORD LIST

ALCHEMY
ASTROLOGY
DEMONOLOGY
DIVINATION
HERMETICISM
HEXES
INCANTATIONS
KABBALAH
MYSTICISM
NECROMANCY
RUNES
SORCERY
SPELL CASTING
SPIRITUALISM
TAROT CARDS

PSYCHICS

R	Z	E	O	M	R	E	A	L	I	T	Y	W	A	R	P	I	N	G
E	J	Y	E	B	D	S	M	A	E	R	D	C	I	H	C	Y	S	P
H	E	N	F	X	S	P	J	F	M	A	D	N	E	S	S	Y	D	Q
C	Z	Q	Y	O	N	I	D	N	U	J	I	D	G	I	J	C	I	R
A	C	A	T	E	A	P	D	Y	Z	Z	F	N	Q	H	F	N	A	M
E	G	L	P	P	D	N	B	I	S	A	I	Z	W	J	P	A	A	S
T	U	N	A	D	A	F	P	J	A	T	I	K	A	E	I	M	C	M
L	M	E	B	I	W	I	R	E	S	N	B	R	W	J	W	O	Z	S
A	K	A	W	D	R	X	E	A	W	X	S	C	G	Y	W	R	W	I
R	C	M	E	N	C	V	C	D	U	P	A	T	Z	I	S	I	T	L
T	X	W	K	G	Y	L	O	P	I	T	X	S	O	X	V	E	T	A
S	K	G	D	L	L	X	G	Y	U	V	C	K	J	N	L	N	Z	U
E	L	E	R	E	K	X	N	Q	A	I	I	N	R	E	E	O	O	T
C	V	U	P	Z	H	C	I	J	N	N	S	N	K	X	J	J	N	I
N	A	S	P	I	A	F	T	Q	Q	A	C	I	A	H	C	T	O	R
A	C	Z	H	N	B	T	I	X	M	D	N	E	K	T	X	O	O	I
Y	U	Z	S	M	X	N	V	K	C	E	J	O	E	L	I	K	Y	P
S	V	G	D	D	A	K	E	M	S	O	Y	S	U	Q	Z	O	W	S
Q	R	N	O	I	T	A	M	I	N	A	T	R	A	J	R	D	N	P
M	A	B	T	X	D	F	S	Y	R	T	E	M	O	H	C	Y	S	P
N	O	I	T	A	L	U	P	I	N	A	M	L	A	M	I	N	A	V

WORD LIST

ANCESTRAL TEACHER
ANIMAL MANIPULATION
ART ANIMATION
CLAIRVOYANCE
DIVINATION
MADNESS
OBSIDIAN STONE
ONEIROMANCY
PRECOGNITIVE
PSYCHIC DREAMS
PSYCHOMETRY
REALITY WARPING
SPELL CASTING
SPIRITUALISM
TELEKINESIS

GORGONS

M	K	I	R	G	D	T	O	S	U	S	F	T	U	P	V	B	E	B
Q	S	O	O	K	D	M	U	N	Z	A	N	S	R	Q	N	I	I	S
V	S	S	Y	I	B	A	U	R	S	O	X	A	E	B	V	Z	R	Y
U	A	Q	A	G	A	V	K	E	B	P	G	R	K	E	C	E	C	V
W	L	D	K	J	O	G	I	D	M	A	A	L	Y	E	N	T	M	Y
P	C	K	V	S	A	L	Y	H	U	L	N	N	V	O	H	F	I	V
A	Y	Q	W	R	S	X	O	Q	G	Q	O	S	T	G	D	A	E	O
C	M	H	K	J	J	I	P	H	K	I	W	S	C	M	R	B	I	S
I	O	P	R	C	F	T	T	E	T	P	L	G	I	B	X	I	L	R
F	T	B	X	V	K	A	B	A	T	Y	O	K	U	R	Q	V	S	U
I	A	H	P	Q	E	I	C	H	H	R	M	A	S	G	G	I	I	A
S	N	Z	Y	D	D	I	O	P	G	T	O	K	E	I	R	X	C	L
M	A	Z	G	O	F	P	P	O	C	P	V	P	E	P	N	E	H	K
Q	J	H	F	I	G	Y	N	P	B	P	O	W	O	E	V	I	Y	Z
C	R	Z	R	H	P	E	L	T	V	E	K	L	H	L	R	P	T	S
J	L	T	M	X	I	E	Z	Y	A	E	A	R	V	W	U	G	C	I
F	E	W	Z	O	L	W	R	E	V	I	Z	N	C	M	D	S	C	Y
P	S	J	N	V	S	C	W	S	V	G	B	P	I	C	D	J	N	U
T	S	E	R	P	E	N	T	S	E	C	Y	A	V	E	X	N	L	J
X	O	M	E	D	U	S	A	J	R	U	J	Q	Q	Y	S	O	F	S
S	T	O	N	E	S	T	A	T	U	E	S	M	J	P	P	J	A	Z

WORD LIST

AJAX PETROPOLUS
ANATOMY CLASS
BEANIES
DEATH GLARE
GORGONEION
GREEK MYTHOLOGY
MEDUSA
PACIFISM
PERSEUS
PETRIFICATION
SERPENTS
SNAKE HAIR
STONE STATUES
STONERS
TURBANS

VAMPIRES

D	I	S	R	E	K	N	I	R	D	D	O	O	L	B	T	C	O	S
A	X	J	A	U	G	A	R	L	I	C	A	L	L	E	R	G	Y	U
R	C	F	K	B	N	E	N	U	U	P	J	G	T	Y	A	W	B	P
K	O	X	E	E	K	D	H	T	R	M	G	T	G	E	Q	B	S	E
S	F	S	Z	M	S	U	E	D	V	Q	T	B	X	V	R	P	G	R
U	F	S	H	D	N	L	H	A	V	T	J	Z	H	U	Q	D	T	N
N	I	N	C	A	X	F	H	X	D	F	N	Y	E	Q	N	F	W	A
G	N	A	W	A	D	G	H	I	R	Q	D	J	X	S	T	R	I	T
L	S	I	T	H	U	O	W	Y	I	M	M	O	R	T	A	L	E	U
A	L	R	R	S	Z	S	W	A	B	P	F	E	N	A	R	K	A	R
S	E	A	I	S	C	L	E	Y	R	C	L	F	I	Y	A	O	N	A
S	E	N	V	C	N	Q	F	C	J	L	B	Z	K	T	L	S	K	L
E	P	E	O	D	P	G	R	G	E	Q	T	T	S	W	W	O	G	Z
S	E	T	Y	J	H	O	P	W	U	O	U	N	E	I	B	S	L	F
M	R	N	F	B	S	K	D	J	Y	P	E	T	L	R	W	D	E	M
Z	S	E	W	S	D	T	V	K	G	D	C	R	A	Y	P	F	Q	O
X	Y	C	E	S	H	M	T	X	O	M	D	O	P	Y	J	O	K	C
C	M	S	L	G	G	W	F	O	W	O	N	W	V	P	O	S	S	B
D	B	O	I	U	Q	N	W	W	S	F	F	Z	Q	E	V	G	L	S
F	J	N	A	G	P	O	A	D	T	Q	H	L	H	P	N	N	J	L
G	M	L	S	F	I	K	W	F	B	S	B	G	P	V	Q	B	T	A

WORD LIST

BLOOD DRINKERS
CENTENARIANS
COFFIN SLEEPERS
COVEN
CROSSES
DARK SUNGLASSES
FANGS
GARLIC ALLERGY
IMMORTAL
NIGHT DWELLERS
PALE SKIN
SHADOWY
SUPERNATURAL
UNDEAD
WOODEN STAKE

HYDES

S	U	P	P	R	E	S	S	E	D	D	E	S	I	R	E	S	Q	C
R	E	W	O	P	N	E	D	D	I	H	A	T	F	A	Y	X	K	H
R	O	I	N	N	E	R	C	O	N	F	L	I	C	T	P	K	R	E
M	L	R	G	B	X	E	E	X	V	N	B	Q	I	T	T	A	Y	M
M	F	T	R	A	H	E	I	B	K	F	R	L	E	R	Y	P	E	I
G	Z	L	V	O	U	E	D	C	C	X	A	P	A	F	X	D	E	C
F	H	C	F	C	H	R	S	W	H	N	R	N	V	T	N	N	R	A
Z	D	J	F	Y	T	L	A	Y	O	L	S	G	T	B	I	K	R	L
Y	B	Y	C	G	V	F	A	S	P	F	V	N	F	G	P	O	K	I
D	E	A	V	J	S	S	R	C	O	L	E	H	M	E	T	H	R	N
G	U	X	N	Z	T	E	S	R	I	V	R	A	A	A	D	E	C	D
U	F	P	N	I	P	I	M	R	E	G	B	Y	R	S	G	J	V	U
V	V	B	Z	T	S	A	X	C	K	L	O	E	D	U	M	L	V	C
E	J	P	I	O	T	H	I	C	V	C	B	L	T	G	R	N	Y	E
Q	P	L	N	I	W	T	E	J	H	I	T	K	O	M	V	G	W	M
T	P	P	O	Q	A	A	T	D	L	U	T	E	H	H	Y	T	G	E
S	Y	N	Y	M	A	U	N	L	E	A	S	H	E	D	C	M	Y	N
H	V	V	U	Y	C	H	C	Y	P	I	K	S	S	Z	L	Y	H	T
F	D	A	Y	O	L	T	L	M	J	H	I	I	M	Z	K	N	S	X
C	R	N	B	K	D	M	U	T	A	T	E	D	D	J	W	L	P	P
T	L	S	T	V	M	F	V	E	V	P	X	Y	H	P	B	V	E	E

WORD LIST

BANISHED
CHEMICAL INDUCEMENT
ENIGMA
HIDDEN POWER
HYPNOSIS
INNER CONFLICT
LIBERATOR
LOYALTY
MUTATED
PSYCHOLOGICAL HORROR
SPLIT PERSONALITY
SUPPRESSED DESIRES
TRANSFORMATION
TRAUMATIC EVENT
UNLEASHED

SHAPE-SHIFTERS

H	I	M	I	T	A	T	I	O	N	M	A	Z	F	Q	S	L	K	G
Y	B	T	B	H	T	S	Q	T	M	W	R	F	H	J	O	K	W	N
P	F	I	R	W	R	E	F	N	F	F	T	Y	V	W	K	N	R	I
O	D	H	U	A	A	L	I	I	I	T	M	R	L	Z	W	P	C	H
R	H	U	M	A	N	F	O	R	M	N	A	C	M	E	Y	I	A	P
H	Y	D	B	N	S	S	S	I	X	F	S	I	Z	L	D	M	M	R
T	B	C	N	N	M	I	F	U	R	D	F	M	D	X	J	S	O	O
N	O	I	T	D	U	Q	G	O	R	E	O	I	F	V	H	T	U	M
A	G	H	P	S	T	Q	W	Z	R	S	K	M	N	A	H	F	F	W
I	Y	P	W	W	A	Y	N	H	D	M	K	L	P	K	S	V	L	L
R	S	R	O	D	T	W	L	N	V	Q	A	E	A	Y	R	E	A	M
E	P	O	S	C	I	X	A	V	I	G	C	T	Z	W	S	F	G	Y
H	X	M	C	T	O	R	L	S	N	H	Z	H	I	I	N	M	E	J
T	Y	Y	E	M	N	Y	I	I	A	J	Y	M	U	O	A	I	U	Q
V	X	L	P	M	R	D	L	N	U	B	T	G	J	B	N	M	K	O
S	N	O	E	Z	G	E	G	U	R	W	S	K	U	P	X	N	I	S
C	J	P	I	L	G	E	L	I	D	I	U	I	I	Q	Q	R	V	O
R	M	Q	T	N	R	A	D	T	D	O	Q	E	C	O	M	B	S	W
M	E	T	A	M	O	R	P	H	O	S	I	S	I	A	K	I	Z	T
J	G	H	E	C	A	B	W	U	A	J	G	Q	H	E	X	V	A	K
L	C	M	C	N	O	J	Z	P	R	R	K	F	U	Q	I	I	F	N

WORD LIST

CAMOUFLAGE
CHANGELING
DISGUISE
HUMAN FORM
HYBRID
IMITATION
METAMORPHOSIS
MIMICRY
MORPHING
POLYMORPHIC
SHAPE-CHANGER
SKIN-WALKER
THERIANTHROPY
TRANSFORMATION
TRANSMUTATION

FACELESS

A	L	E	X	I	S	S	E	L	E	R	U	T	A	E	F	L	T	I
T	E	R	R	O	R	I	Z	E	R	Q	R	B	U	O	H	B	K	A
K	R	V	J	N	H	B	X	K	A	J	F	T	D	D	F	S	K	S
N	E	K	N	U	S	E	W	Q	P	M	Z	Q	W	T	A	Q	J	X
F	N	B	K	R	R	Z	P	V	H	E	A	G	A	N	V	F	O	A
C	A	T	R	M	P	B	S	S	A	O	B	A	R	E	P	P	O	N
X	S	N	Q	G	G	T	I	P	M	F	E	L	N	K	I	U	Z	C
X	I	M	O	Q	D	L	X	F	E	C	M	U	J	C	K	D	N	C
A	W	W	P	N	U	H	H	S	S	H	T	N	Y	F	R	N	Z	L
I	T	V	L	O	Y	S	W	H	B	S	D	R	H	M	Q	D	J	Y
L	S	X	H	K	F	M	A	E	E	F	G	E	C	W	G	M	I	I
I	C	G	D	E	F	P	I	W	P	R	S	C	N	W	J	A	F	K
M	X	T	W	H	E	A	H	T	L	I	P	O	T	E	K	W	J	L
Z	O	H	O	L	Z	Y	G	M	Y	G	K	G	N	O	M	K	A	D
Z	C	U	E	S	L	B	F	A	V	H	E	N	Y	B	Y	M	F	K
L	E	S	T	T	E	R	D	S	Y	T	P	I	C	Q	R	V	V	T
X	S	N	S	H	S	Q	O	K	E	E	D	Z	U	O	I	E	X	K
I	B	A	K	W	L	B	A	E	F	N	D	A	N	L	U	I	Y	K
L	H	D	O	D	S	E	X	D	E	I	O	B	X	R	P	L	W	P
G	M	I	A	H	P	I	S	G	C	N	A	L	Q	Y	S	E	B	I
H	P	N	N	B	W	N	O	S	I	G	S	E	V	M	Z	D	G	T

WORD LIST

ABNORMAL
ANONYMITY
FEATURELESS
FRIGHTENING
GHASTLY
GHOULISH
MASKED
MOUTHLESS
NOPPERA-BO
SHAPELESS
SUNKEN
TERRORIZER
UNRECOGNIZABLE
VEILED
YOKAI

YETIS

Z	K	R	I	X	B	C	D	N	C	I	J	L	Z	F	G	Q	A	F
L	Z	Z	T	Z	L	X	D	V	P	V	E	S	N	O	W	V	Q	X
N	E	E	K	C	E	U	K	Y	R	G	B	B	W	L	J	S	N	T
I	E	R	F	P	C	A	E	E	E	Z	F	S	R	H	S	U	C	B
U	D	Q	O	G	F	Z	J	N	H	L	J	P	T	A	J	N	M	Y
A	Z	S	T	L	C	H	D	N	T	U	I	W	Y	L	I	O	G	I
P	Y	Q	Y	J	K	P	A	J	P	B	Z	A	S	T	U	O	Z	O
D	F	B	T	Y	W	L	A	N	R	T	L	U	X	N	L	F	D	N
K	L	S	E	D	K	Z	O	S	I	A	P	E	T	O	L	Q	B	Z
I	G	N	S	A	Y	R	H	F	M	C	A	A	O	A	I	E	B	V
Y	L	Y	I	O	S	G	M	I	A	D	I	Z	S	A	U	C	X	Z
D	S	K	P	O	X	T	H	N	L	N	O	P	O	B	F	N	E	Q
A	A	W	S	Z	S	X	L	T	S	T	H	N	L	O	I	D	A	M
E	G	J	T	L	N	P	E	Y	P	Y	P	I	R	M	E	G	M	Y
T	S	M	M	J	O	V	S	Y	W	G	C	Y	R	I	R	H	A	S
I	O	D	Q	W	W	A	R	L	I	S	Z	N	A	N	C	Q	C	T
W	A	P	F	P	S	C	S	S	L	I	R	H	X	A	E	L	T	E
T	M	N	P	X	T	R	D	C	D	E	R	C	T	B	J	A	C	R
Q	B	E	F	J	O	Q	R	F	J	R	R	U	Z	L	P	H	J	Y
M	J	G	B	G	R	L	V	L	D	B	Y	N	E	E	U	X	K	D
P	Y	B	B	M	M	J	U	L	C	S	U	P	K	I	W	R	F	S

WORD LIST

ABOMINABLE
BEASTLY
CRYPTOZOOLOGY
EXTINCT
FIERCE
FOLKLORE
HIMALAYAS
ICE
LEGEND
MOUNTAINS
MYSTERY
PRIMAL
SNOW
SNOWSTORM
WILD

HALLOWEEN

E	B	V	T	W	M	T	S	O	H	G	D	E	X	G	I	C	G	B
K	M	G	Y	S	I	X	X	X	G	H	U	V	E	X	E	P	P	L
W	K	H	C	V	H	T	H	H	S	Z	I	D	B	O	A	W	O	A
F	C	A	I	T	N	C	C	B	Q	B	O	L	I	H	Z	Q	N	C
R	R	D	B	N	R	J	O	H	J	A	F	C	R	L	J	Z	C	K
Y	K	N	S	S	B	I	J	O	Z	W	X	H	T	H	P	U	D	C
E	B	B	D	Y	K	Y	C	S	S	M	R	C	O	O	A	D	W	A
O	L	M	Q	T	M	E	N	K	N	T	I	S	A	R	B	U	M	T
L	A	C	T	A	S	O	L	I	O	U	Y	B	Y	H	R	E	Y	E
F	W	B	N	Z	Q	T	K	E	U	R	Q	A	M	H	G	O	R	C
O	Q	W	Z	B	U	P	W	C	T	P	T	L	K	K	D	V	R	O
X	Z	U	V	P	M	H	K	R	A	O	I	R	D	G	M	B	M	B
M	J	D	Y	U	P	W	V	E	J	V	N	R	E	F	A	Q	M	W
W	Z	Z	P	P	U	J	O	E	L	M	A	M	E	A	X	O	P	E
V	P	S	U	S	M	Y	Y	P	J	Y	N	O	M	K	T	Y	S	B
C	N	B	Q	V	B	Z	E	Y	E	O	R	L	U	F	U	J	D	A
E	B	A	U	D	J	S	B	V	B	E	K	X	T	B	R	R	F	W
J	N	Q	Y	I	T	M	A	H	D	Y	E	Q	S	U	M	F	Z	S
M	N	Z	K	A	X	R	R	I	C	I	C	J	O	X	T	T	K	R
R	M	U	B	V	G	P	P	G	A	J	D	X	C	L	K	S	H	T
Y	U	B	D	C	V	S	Z	X	E	F	T	I	E	X	N	U	A	N

WORD LIST

BATS
BLACK CAT
COBWEB
COSTUME
CREEPY
GHOST
GRAVEYARD
HORROR
OCTOBER
PUMPKIN
SCARY
SKELETON
SPIDER
TRICK-OR-TREAT
WITCH

NIGHTSHADE SOCIETY

O	R	I	T	U	A	L	S	D	B	V	G	I	V	N	O	S	N	F
G	F	J	U	H	I	L	F	L	P	T	E	I	N	M	U	K	S	O
T	I	N	T	R	I	G	U	I	N	G	G	P	Q	H	C	M	U	E
N	M	H	U	S	F	D	J	P	U	I	K	F	G	V	A	A	R	S
Z	Z	P	Q	C	N	A	W	I	L	J	Q	O	K	D	Y	J	E	G
O	J	W	J	X	A	A	T	X	J	D	E	U	D	H	P	Z	S	S
A	K	I	U	L	E	E	P	R	Q	N	K	A	P	C	K	Y	G	E
I	E	P	Q	S	R	N	W	T	A	R	Y	T	C	I	W	H	D	C
B	F	V	R	W	T	V	I	C	W	D	Z	Q	Q	F	J	A	N	R
W	I	L	L	O	W	N	R	G	O	I	F	E	Y	D	H	S	J	E
C	N	S	W	E	T	A	E	O	M	T	C	X	S	S	Z	Z	K	T
W	C	J	L	F	V	E	G	V	A	A	R	E	E	R	S	I	B	S
Z	X	F	M	P	Q	U	C	A	E	P	T	M	W	U	H	S	G	O
C	E	S	Z	G	I	H	B	T	O	L	E	I	O	W	V	M	A	C
G	I	Y	R	A	R	B	I	L	O	R	A	I	C	G	K	N	J	I
Z	U	R	L	N	U	Q	V	I	P	R	R	I	K	H	N	G	X	E
S	Q	G	E	E	B	O	J	U	H	E	S	W	C	H	G	S	M	T
R	A	X	F	T	T	J	S	N	T	M	J	S	G	O	J	P	S	Y
H	R	D	V	H	O	L	H	S	Y	D	P	I	M	E	S	Q	E	C
E	R	N	L	E	R	S	Y	F	Z	L	S	X	S	A	K	K	V	P
S	K	N	U	R	J	M	E	H	F	Z	Y	P	B	U	I	P	H	V

WORD LIST

ARCANE
ENIGMATIC
ESOTERIC
GOODY ADDAMS
INTRIGUING
LIBRARY
MYSTERIOUS
NETHER
PROTECTORS
RITUALS
SECRET SOCIETY
SNAP TWICE
SOCIAL EVENTS
SUPREME SHADE
WILLOW

DEADLY ANIMALS

B	I	I	R	P	Y	G	J	O	V	F	P	R	E	D	A	T	O	R
Z	X	F	L	S	U	O	V	Q	C	O	F	Y	Y	G	Q	P	M	C
J	U	A	A	E	H	D	O	D	C	P	E	G	N	Z	Y	R	F	R
A	P	T	G	W	T	C	B	P	D	S	Q	B	T	W	S	I	J	H
P	R	A	J	M	O	H	C	V	Z	H	K	C	B	A	S	Z	N	X
R	Q	L	W	V	G	H	A	P	W	V	N	U	V	I	L	S	H	C
V	Q	A	T	R	E	J	X	L	O	I	U	A	A	A	N	P	X	D
B	R	T	X	U	J	N	N	J	T	I	G	S	G	U	G	E	L	R
J	W	T	U	G	A	H	O	S	X	E	S	G	S	G	N	A	F	G
W	X	A	W	B	Y	P	N	M	F	O	R	O	M	Y	M	F	U	G
Q	H	C	A	T	E	I	V	E	O	E	C	A	N	G	U	E	D	E
J	L	K	F	F	R	I	R	S	S	U	N	U	N	O	E	M	Y	B
N	C	L	N	E	B	O	P	S	P	E	S	C	K	S	U	E	W	V
R	C	A	L	K	C	R	I	D	A	F	Q	D	V	S	L	S	Y	O
Z	M	L	R	I	D	V	C	T	J	I	Q	Q	C	X	L	R	C	W
Z	I	G	O	N	E	N	E	Q	I	E	L	S	J	Z	T	A	Z	W
K	B	U	M	K	I	R	O	H	W	R	Z	M	H	L	R	V	H	T
I	S	F	F	W	N	V	T	H	C	C	H	F	W	N	A	N	F	H
H	C	Y	C	P	N	K	O	Q	J	E	G	R	A	T	J	Y	K	Y
U	U	W	D	A	N	G	E	R	O	U	S	G	W	Z	K	J	R	H
Q	J	D	V	E	E	C	W	M	E	P	E	J	L	V	V	P	G	G

WORD LIST

AGGRESSIVE
CARNAGE
CARNIVORE
DANGEROUS
FANGS
FATAL ATTACK
FEROCIOUS
FIERCE
KILLER INSTINCT
LETHAL
MAN-EATER
POISONOUS
PREDATOR
SAVAGE
VENOMOUS

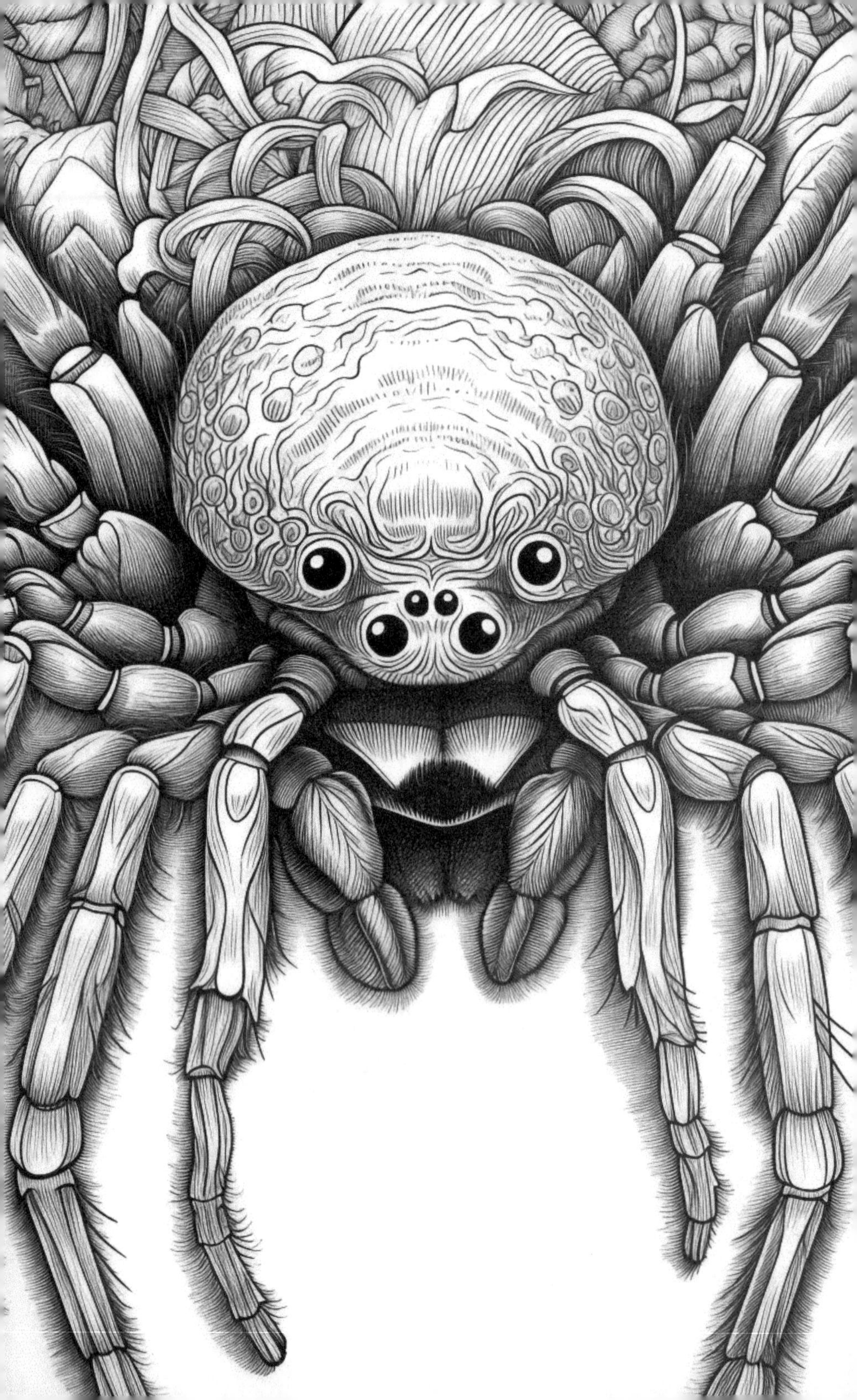

CREEPY CRAWLIES

O	N	A	R	A	C	H	N	I	D	S	D	G	D	Q	B	H	O	K
W	Z	X	L	Y	S	N	B	Z	G	A	Y	H	O	R	N	E	T	S
Z	V	V	J	E	W	A	S	P	S	A	J	C	C	A	B	K	M	D
B	N	W	L	G	Q	V	S	Q	O	N	W	I	Y	D	A	H	Q	Y
X	S	S	T	L	A	U	P	T	V	T	W	O	A	Y	J	I	W	M
U	B	Y	G	I	J	B	Z	O	B	S	G	U	R	J	S	F	D	Q
T	G	W	J	M	I	V	E	F	P	A	I	C	R	M	I	P	I	P
S	R	Q	A	N	F	S	A	M	C	F	C	J	O	Y	S	B	R	R
E	C	K	Q	Y	P	A	R	S	E	L	T	E	E	B	I	S	R	V
F	G	O	M	G	O	J	W	T	O	O	F	G	T	U	E	O	A	S
K	Z	U	R	S	L	F	I	G	I	M	M	Q	L	H	V	Q	M	P
T	H	B	J	P	S	I	G	Y	H	R	W	U	C	M	E	I	C	I
C	Y	X	B	T	I	P	S	W	U	D	V	A	I	W	L	T	E	D
L	S	X	U	T	T	O	K	N	P	D	O	Y	I	L	D	A	N	E
M	C	F	I	K	L	H	N	C	B	R	I	L	I	T	F	V	T	R
B	M	C	M	D	G	K	F	S	K	G	R	P	H	N	V	D	I	S
B	K	A	G	P	X	A	M	C	C	X	E	M	W	Q	O	I	P	D
S	V	Y	A	R	P	J	O	Q	D	D	V	Y	L	K	T	V	E	P
X	F	Q	S	K	S	C	T	H	E	B	F	L	E	A	S	F	D	R
B	F	Z	H	S	G	L	H	S	Y	E	C	H	B	O	G	F	E	C
G	F	Q	K	U	E	R	S	E	Q	V	U	V	Z	N	S	A	S	Q

WORD LIST

ANTS
ARACHNIDS
BEETLES
CENTIPEDES
COCKROACHES
EARWIGS
FLEAS
HORNETS
MILLIPEDES
MOTHS
SCORPIONS
SPIDERS
TICKS
WASPS
WORMS

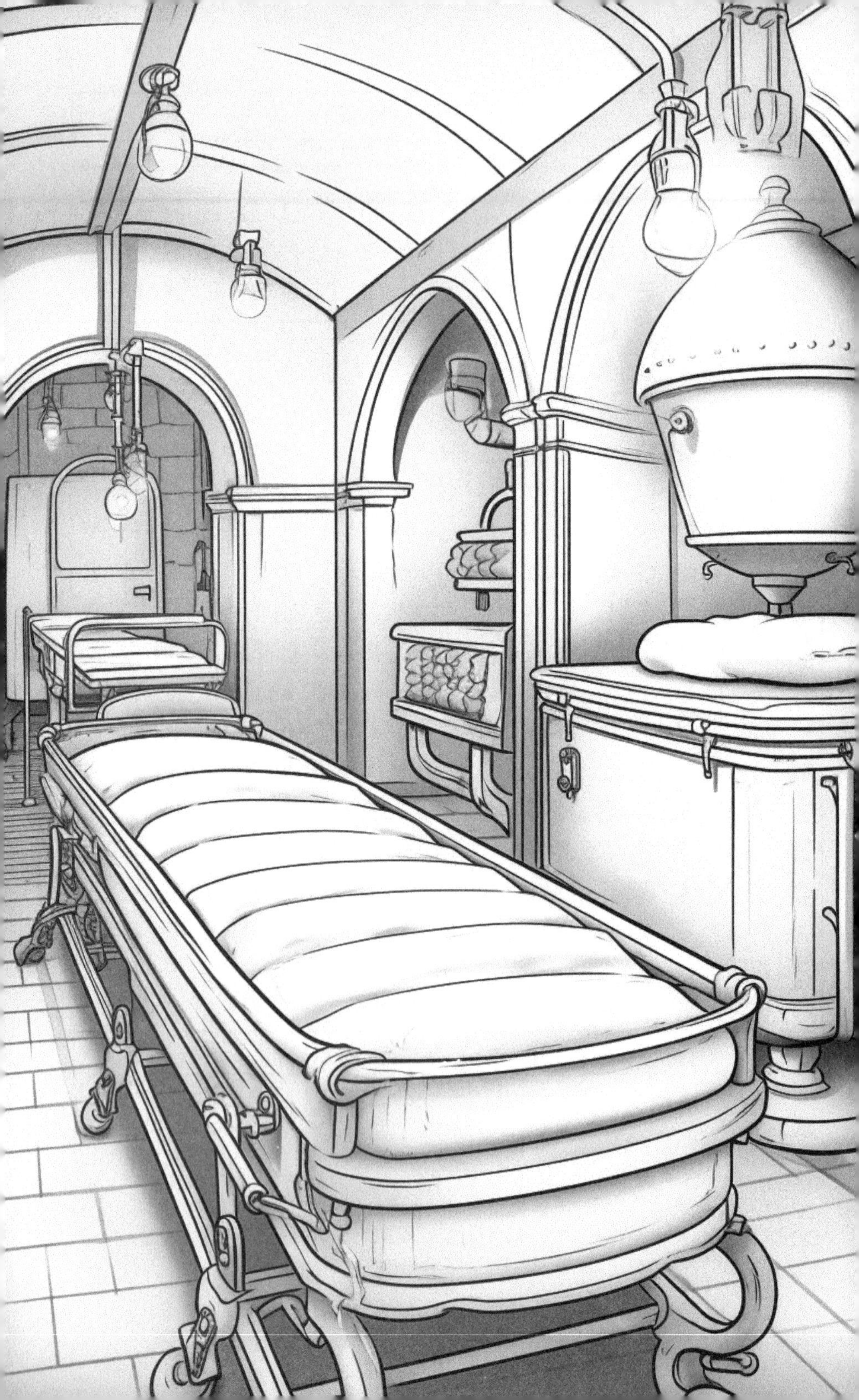

MORTICIANS

C	V	J	P	M	A	P	A	L	L	B	E	A	R	E	R	F	T	N
X	T	C	U	P	I	P	C	E	M	E	T	E	R	Y	V	M	K	T
I	E	S	V	T	K	Y	E	L	Y	B	H	Z	K	M	M	Z	B	D
X	T	W	E	M	P	N	J	R	X	M	U	O	H	Q	C	V	L	N
M	O	R	G	U	E	F	A	Y	W	P	Q	R	D	L	S	F	M	W
B	I	P	S	R	A	U	N	J	C	R	E	V	I	G	U	U	W	K
M	H	B	T	T	T	C	N	K	N	Q	J	K	I	A	N	U	X	A
A	Y	U	I	R	H	Q	R	S	Q	A	B	W	L	D	L	H	F	G
W	G	L	O	Q	L	O	F	E	X	M	G	I	E	D	N	E	N	K
E	O	M	A	E	P	O	R	F	M	R	V	R	V	P	S	I	Y	X
S	T	G	I	R	Q	R	S	K	Z	A	T	H	L	Y	M	R	C	N
D	C	B	E	P	E	V	V	X	F	A	T	I	E	L	I	V	S	J
A	R	O	A	Q	R	N	P	A	K	H	O	I	A	A	J	D	S	K
E	X	Q	F	A	F	I	U	E	C	T	K	B	O	W	Y	E	L	E
B	Y	U	W	F	G	D	R	F	H	Z	M	O	W	N	O	W	F	S
Q	O	W	R	Y	I	F	M	M	A	E	A	Y	B	H	R	H	U	R
J	F	M	J	K	N	N	W	O	P	L	V	G	G	F	R	N	C	A
L	N	A	A	S	U	D	Z	N	E	F	M	R	G	G	X	P	N	E
S	N	Y	H	M	W	Q	A	R	L	W	G	I	I	U	E	G	Q	H
G	W	G	E	I	X	L	E	U	N	U	O	E	L	E	T	W	K	M
V	I	S	I	T	A	T	I	O	N	D	E	F	V	Z	U	N	Q	Q

WORD LIST

BURIAL
CEMETERY
CHAPEL
COFFIN
CREMATION
EMBALMING
FUNERAL
GRIEF
HEARSE
MORGUE
MORTUARY
PALLBEARER
UNDERTAKER
URN
VISITATION

RAVE'N

S	M	T	I	N	R	O	Y	H	K	D	J	P	W	K	K	Q	U	F
E	M	U	B	W	N	C	L	I	M	A	T	E	C	R	I	S	I	S
A	U	O	K	Q	T	B	T	A	Y	R	X	R	J	I	V	I	E	T
D	L	I	K	L	L	W	V	Z	A	K	G	M	Y	N	S	R	X	P
I	M	T	C	E	N	D	A	N	H	M	C	R	Q	L	D	I	T	L
L	T	W	E	H	M	A	D	I	H	U	O	U	H	K	J	E	I	A
T	S	M	I	R	D	A	I	A	V	S	W	X	C	E	U	A	N	T
V	O	X	U	V	N	P	C	R	N	I	P	I	C	K	G	Z	C	F
P	L	A	U	N	N	A	G	H	N	C	T	X	Y	E	A	V	T	O
W	L	P	K	L	W	W	T	E	I	S	E	O	M	K	C	I	I	R
Z	F	S	Z	B	Z	Z	O	I	P	N	G	F	C	E	C	C	O	M
M	F	T	W	U	M	N	D	I	V	O	E	U	L	E	S	A	N	B
W	Y	T	V	A	L	A	L	X	T	E	S	T	S	O	L	J	E	O
B	H	U	A	I	L	K	L	H	C	D	F	T	W	I	O	O	F	O
U	E	W	G	P	C	Q	I	B	O	V	A	A	X	F	A	R	F	T
N	F	H	C	A	T	C	O	O	H	T	X	P	S	C	S	K	E	S
G	T	U	L	C	G	N	L	T	U	O	Z	L	U	H	B	V	C	N
S	Y	B	S	L	R	B	A	E	K	Z	E	J	C	R	I	U	T	D
J	Z	O	A	B	C	J	B	L	A	C	K	L	A	C	E	O	Y	G
N	H	M	I	M	M	O	A	I	R	D	C	T	H	M	G	E	N	P
J	M	B	D	A	N	C	E	N	U	M	B	E	R	B	V	Z	X	H

WORD LIST

ALTERNATIVE FASHION
ANNUAL
BLACK LACE
BLACK LIPSTICK
CLIMATE CRISIS
DANCE FLOOR
DANCE NUMBER
DARK MUSIC
EXTINCTION EFFECT
GOTHIC GLAM
ICE STATUE
MC BLOOD SUCKAZ
NEON LIGHTS
PLATFORM BOOTS
SMOKE MACHINE

NORMIES

W	P	O	W	E	R	L	E	S	S	J	E	A	R	J	N	B	O	O
X	L	G	Q	T	E	N	T	G	I	R	S	W	V	J	V	R	W	O
P	B	K	P	A	N	X	O	A	W	Y	W	R	U	E	T	B	X	U
P	Q	S	U	O	W	H	F	M	C	F	Y	X	F	D	R	Z	A	M
T	B	T	R	M	R	L	I	K	M	T	X	D	P	Q	W	A	P	A
U	U	M	L	D	A	Q	J	I	I	O	P	E	O	R	E	Z	G	O
Y	A	J	K	C	M	O	U	M	Q	D	C	N	Y	U	W	V	G	E
L	U	S	I	A	S	O	R	O	B	L	K	O	I	E	J	L	R	I
K	B	P	T	R	U	O	R	M	S	R	J	T	E	F	J	S	E	B
L	Y	A	D	A	F	H	E	T	X	L	N	S	T	E	G	Q	G	Y
T	T	F	Z	N	T	Z	Y	W	A	O	E	K	I	M	D	T	U	A
S	F	R	O	K	T	U	R	N	B	L	G	C	X	S	M	P	L	U
W	T	C	A	B	D	N	S	L	P	G	P	A	Y	F	Z	D	A	L
A	J	N	T	D	Z	L	E	Q	B	Z	O	R	D	I	N	A	R	Y
O	F	W	U	Y	I	W	W	S	U	R	L	C	T	B	R	E	J	E
B	M	O	P	H	A	T	G	Z	D	O	G	H	R	K	R	W	L	Y
N	D	C	H	L	H	Z	I	Y	O	Q	W	P	K	Q	C	D	U	B
B	M	B	K	Q	J	C	Y	O	S	E	D	E	M	O	X	L	R	Z
F	K	E	Q	N	D	I	T	H	N	Z	N	S	O	P	T	U	F	P
J	R	F	E	F	F	H	A	I	D	A	N	O	W	T	C	Y	E	F
H	U	M	A	N	C	U	O	H	W	Z	L	J	Y	S	Z	K	Q	S

WORD LIST

AVERAGE
COMMON
CONFORMITY
HUMAN
JOSEPH CRACKSTONE
MORTAL
NOBLE WALKER
NORMAL
ORDINARY
POWERLESS
REGULAR
STATUS QUO
TRADITIONAL
TYPICAL
WITCH HUNTS

CORONERS

J	J	B	K	N	A	T	U	R	A	L	C	A	U	S	E	S	U	U
A	R	S	V	X	Q	N	O	I	T	A	G	I	T	S	E	V	N	I
R	L	H	Q	Z	D	K	I	Z	B	E	B	C	D	G	H	U	G	E
M	O	R	G	U	E	E	S	O	P	P	X	N	L	A	F	R	K	Y
S	Z	J	J	P	I	U	C	I	K	X	T	S	D	B	L	R	T	Z
X	F	I	R	G	D	J	E	O	Z	P	J	E	N	R	O	X	X	W
Z	J	Q	G	J	L	W	F	G	M	C	A	O	M	G	W	J	B	I
T	N	E	D	E	C	E	D	D	C	P	I	T	T	G	Y	F	X	K
M	Z	G	W	D	Q	L	Y	R	E	T	O	U	H	E	O	D	Q	H
K	J	E	V	A	X	R	S	M	A	E	P	S	H	O	K	K	U	Z
C	K	Z	J	U	B	G	O	M	S	O	V	H	I	U	L	Y	E	H
L	L	C	F	T	O	D	E	W	S	I	D	N	C	T	M	O	T	F
T	L	I	N	O	S	R	O	T	I	T	X	B	T	M	I	A	G	V
T	I	Z	F	P	C	U	M	U	Z	U	Q	T	U	P	E	O	R	Y
R	V	O	N	S	A	O	Y	A	J	H	N	Y	X	D	N	S	N	N
E	I	L	Q	Y	R	S	J	G	Q	P	V	S	W	U	R	Y	F	N
V	D	F	E	T	A	V	Z	T	O	X	I	C	O	L	O	G	Y	O
Y	I	R	E	N	I	M	A	X	E	L	A	C	I	D	E	M	T	S
Y	T	M	N	J	A	O	A	F	L	T	B	X	X	H	K	E	A	P
Y	Y	R	I	G	O	R	M	O	R	T	I	S	Z	H	L	F	I	Q
L	V	U	H	X	S	O	L	S	C	I	S	N	E	R	O	F	L	K

WORD LIST

AUTOPSY
CREMATION
DEATH
DECEDENT
DECOMPOSITION
FORENSICS
INVESTIGATION
LIVIDITY
MEDICAL EXAMINER
MORGUE
NATURAL CAUSES
PATHOLOGY
POST-MORTEM
RIGOR MORTIS
TOXICOLOGY

PILGRIM WORLD

R	Y	R	V	O	N	V	F	E	E	D	B	J	H	M	X	N	K	L
L	Z	C	U	I	W	V	A	D	I	S	F	I	Z	P	T	U	B	Y
F	A	W	H	D	Y	H	I	T	G	S	E	D	Q	N	A	J	R	Z
H	I	S	O	F	J	C	I	E	T	P	O	Q	U	G	G	O	W	D
P	R	J	G	G	O	E	W	T	I	R	C	N	O	N	T	O	Y	U
A	R	Z	V	N	P	W	T	L	E	N	A	T	A	S	L	E	O	S
C	R	B	E	F	X	V	H	H	K	W	L	C	I	Y	O	A	T	E
A	O	G	E	Y	M	Y	E	N	D	U	A	H	T	L	U	C	Q	E
C	F	A	D	J	D	E	M	M	B	T	N	S	D	I	A	J	Y	B
A	S	C	K	D	V	Y	E	J	S	A	A	E	H	F	O	C	S	N
O	X	Y	S	P	O	Z	P	T	C	I	F	S	I	I	J	N	G	S
B	T	U	R	S	D	F	A	I	I	U	L	T	T	D	N	M	E	O
E	K	N	E	E	E	W	R	R	D	N	R	A	U	O	E	G	S	M
A	Z	V	E	V	C	E	K	G	P	A	G	T	I	B	C	U	U	M
N	D	K	T	M	M	R	E	L	R	J	P	H	O	N	U	K	O	K
S	D	Q	N	A	E	R	E	C	X	C	Q	M	O	U	O	D	S	X
B	E	I	U	R	Y	L	O	A	R	R	W	K	O	U	R	L	J	N
N	G	D	L	H	D	P	T	M	T	Z	G	V	I	N	S	I	O	C
I	H	D	O	H	B	E	E	T	Y	I	F	B	O	G	S	E	S	C
X	B	U	V	K	M	Q	R	K	E	U	O	S	X	D	E	Z	W	M
H	Y	D	O	Z	Y	X	X	W	O	S	H	N	D	J	Y	H	H	W

WORD LIST

AMERICAN HISTORY
ARTIFACTS
ATTRACTION
CACAO BEANS
COLONIALISM
GENOCIDE
MEETINGHOUSE
RECREATION
SETTLEMENT
STOCKS
THEME PARK
TOURISM
VOLUNTEERS
WHITEWASHING
YE OLDE FUDGERY

ADDAMS FAMILY PETS

E	Y	H	A	Y	G	A	Z	C	S	M	L	I	X	T	T	P	Q	R
Z	Q	Y	I	A	K	C	A	B	Z	P	Y	V	P	D	S	X	M	Q
T	X	A	G	X	E	R	E	M	O	H	L	A	Q	O	D	V	E	V
K	I	F	W	R	A	B	G	G	G	N	R	O	M	P	T	C	Q	M
T	N	S	V	D	G	B	C	A	X	I	Y	H	J	R	N	C	P	P
Z	Q	U	Z	E	L	D	A	W	S	I	S	V	B	J	K	U	O	A
Z	E	T	Z	X	V	J	W	T	U	F	F	A	U	H	E	Q	X	K
Z	C	S	L	I	I	F	O	S	F	V	L	P	P	L	P	F	T	W
W	P	R	O	P	K	T	O	N	P	L	J	Y	K	I	T	A	Y	P
N	Q	M	J	C	L	Y	A	U	I	I	H	J	R	X	K	U	F	H
T	O	Z	W	E	R	T	G	G	D	Z	D	A	W	Y	G	A	R	R
Z	X	M	J	S	S	A	A	Q	F	S	N	E	T	F	I	E	M	E
E	G	L	I	I	W	T	T	R	T	H	F	T	R	L	D	V	O	G
K	D	V	R	W	O	H	O	E	A	T	I	H	A	W	M	N	E	E
D	K	T	O	R	E	M	V	C	S	K	D	G	K	J	G	F	D	Q
Y	S	K	T	S	R	V	X	T	H	R	Q	C	Z	H	Z	L	X	J
Y	L	T	R	F	K	S	O	B	A	O	T	O	K	U	O	T	D	J
I	Y	F	E	Q	O	F	Y	R	M	Q	D	P	N	S	J	F	W	N
J	V	Z	U	B	G	G	N	J	N	G	U	Q	I	K	P	Z	Z	O
N	G	N	M	Y	E	T	Z	W	S	Y	S	N	Q	Q	P	S	Q	K
C	Y	D	O	W	Y	R	R	Y	U	S	K	D	M	D	V	L	V	Q

WORD LIST

ALI
ALLIGATOR
ARISTOTLE
HOMER
ISOLDE
KITTY KAT
MUERTO
OCHO
OCTOPI
PIRANHA
SOCRATES
SPIDER
TRISTAN
VULTURE
ZELDA

LARISSA WEEMS

Z	M	Y	U	G	W	V	S	I	E	A	Y	P	T	R	Q	V	B	Q
F	O	S	A	Y	A	B	S	H	D	U	K	N	L	I	G	R	A	Y
X	D	Z	H	Y	T	T	N	Z	A	E	Q	R	N	S	T	W	A	H
C	E	L	B	N	C	Z	U	P	R	P	A	S	B	U	M	M	K	P
O	L	J	M	A	H	X	I	A	E	M	E	L	E	A	J	L	G	C
J	C	O	B	D	F	J	D	S	D	M	D	S	I	U	Q	Y	K	Y
A	I	E	A	C	U	U	V	S	L	L	Q	E	H	S	T	M	J	Q
J	T	L	U	S	L	D	X	I	I	J	E	B	T	I	T	A	H	Y
O	I	P	I	S	E	Y	M	O	P	C	K	K	O	O	F	I	T	P
P	Z	J	O	Z	Y	G	U	N	S	J	Y	N	Y	M	V	T	C	S
F	E	E	P	A	E	A	V	A	T	O	Y	D	E	R	J	E	E	O
K	N	S	T	K	M	R	C	T	I	W	V	G	Y	D	N	I	D	R
I	I	F	I	Y	S	L	H	E	C	T	P	Z	Q	R	R	F	S	S
U	V	P	M	H	G	A	L	P	K	W	W	D	E	V	C	A	Z	I
F	K	L	I	M	G	N	U	H	B	D	V	V	C	V	A	Y	W	L
N	R	R	S	L	Y	D	Z	W	L	C	H	H	M	E	F	Q	S	U
Q	M	I	T	L	S	S	E	R	T	S	I	M	D	A	E	H	Z	Q
D	X	V	I	O	Z	T	V	J	L	H	Y	Y	W	L	F	M	R	A
J	D	A	C	G	H	R	F	O	X	X	S	R	C	K	S	Z	I	B
S	R	A	L	L	O	C	D	E	T	A	R	E	G	G	A	X	E	L
S	O	L	S	T	I	C	E	T	A	L	E	N	T	S	H	O	W	Q

WORD LIST

DEVOTED
EXAGGERATED COLLARS
GRAY
HEADMISTRESS
IDEALISTIC
JUDY GARLAND
MODEL CITIZEN
OPTIMISTIC
PASSIONATE
RED LIPSTICK
SHAPE-SHIFTER
SOLSTICE TALENT SHOW
STATUESQUE
WARDEN
WATCHFUL EYE

BIANCA BARCLAY

W	F	B	E	J	P	I	T	C	H	S	L	A	P	S	C	L	U	B
I	M	A	R	N	V	Y	E	E	P	A	C	S	E	T	L	U	C	L
A	A	E	U	E	N	A	J	Y	D	N	A	R	B	A	E	I	Y	A
Z	E	I	T	O	M	Z	P	I	N	Q	T	K	P	L	V	Z	R	Y
B	L	A	A	S	U	L	O	M	B	J	C	E	D	X	O	S	Z	Y
D	C	H	N	K	R	O	P	A	O	I	P	Q	F	M	V	D	I	S
K	U	R	E	Z	O	T	U	C	G	R	N	D	N	K	U	X	D	C
C	Z	I	U	G	F	W	L	H	V	N	N	S	A	L	W	Q	H	C
O	L	D	R	P	R	H	A	I	O	P	U	I	E	O	V	A	M	G
E	P	I	T	H	I	N	R	A	P	Q	V	Q	N	C	N	Y	C	F
O	V	J	Q	Y	L	F	O	V	M	Z	D	A	X	G	U	E	B	P
P	X	I	Q	U	Y	U	D	E	K	C	Z	U	E	O	S	R	Z	C
O	K	F	S	C	E	P	M	L	Y	W	U	D	C	P	T	O	E	B
H	Y	R	L	A	V	I	R	L	Q	Q	I	N	P	M	F	A	N	G
E	K	X	Z	C	U	D	L	I	Y	D	R	A	E	N	O	M	G	G
Y	E	P	S	D	W	S	Z	A	E	D	M	A	G	A	Z	W	M	W
X	S	T	W	T	N	R	R	N	H	A	C	A	F	S	V	W	C	P
D	N	E	R	I	S	Y	T	E	C	A	Z	V	R	I	O	Z	P	Y
W	E	T	D	D	Q	I	M	S	P	I	T	D	K	D	X	O	W	J
Y	W	S	L	V	T	O	S	P	A	I	Z	T	Q	Z	M	G	X	T
P	T	A	N	Y	C	O	M	P	E	T	I	T	I	V	E	H	T	M

WORD LIST

BRANDY JANE
CHANGED IDENTITY
CLIQUE
COMPETITIVE
CULT ESCAPEE
INSECURE
MACHIAVELLIAN
MORNING SONG
PERSUASIVE
PITCH SLAPS CLUB
POPULAR
RIVALRY
SCAM APP
SIREN
TRUE NATURE

JOSEPH CRACKSTONE

E	S	P	Y	R	O	K	I	N	E	S	I	S	K	Q	B	W	O	Z
D	R	E	M	O	R	S	E	L	E	S	S	A	Q	K	H	I	P	W
Z	F	P	I	L	G	R	I	M	L	E	A	D	E	R	N	E	R	M
H	U	R	O	T	U	C	E	S	R	E	P	T	S	A	C	T	U	O
S	E	L	F	R	I	G	H	T	E	O	U	S	T	A	B	Z	T	W
Y	V	Q	H	U	N	D	E	A	D	S	O	R	C	E	R	E	R	M
T	I	Z	A	F	K	X	K	H	N	U	T	F	V	I	X	A	O	S
F	A	N	A	T	I	C	A	L	U	B	Y	Q	N	R	P	G	M	O
C	G	V	N	U	B	N	W	E	O	M	L	C	R	F	Y	O	A	X
C	O	N	Z	E	M	Q	P	S	F	K	C	O	C	Y	P	T	B	G
U	H	L	T	B	S	D	E	M	O	A	J	G	O	L	T	L	Y	K
R	E	N	O	X	T	C	E	U	H	M	N	I	I	D	A	C	O	P
S	D	M	T	N	X	E	X	S	C	J	T	R	F	C	L	P	D	M
E	O	C	R	L	I	X	G	D	I	M	Q	D	K	T	I	O	Y	Z
D	N	J	Q	U	P	Z	W	K	R	C	Q	H	U	L	U	A	C	Q
S	I	J	B	F	D	U	E	G	E	Y	E	I	H	L	C	R	P	K
O	S	Y	H	E	R	H	R	R	J	A	I	Q	D	I	E	O	Y	Y
U	T	O	M	G	C	H	I	E	R	V	B	R	H	H	D	E	Y	T
L	I	I	R	N	E	K	N	T	T	L	M	R	H	I	P	O	Q	M
C	C	S	U	E	G	B	E	H	K	U	O	U	U	S	Q	W	B	J
K	A	M	Z	V	A	D	L	W	I	O	Z	B	T	H	Z	S	U	G

WORD LIST

BLACK HEARTED
BLOOD LOCK
COLONIZER
CURSED SOUL
FANATICAL
HEDONISTIC
JERICHO FOUNDER
OUTCAST PERSECUTOR
PILGRIM LEADER
PYROKINESIS
REMORSELESS
SELF-RIGHTEOUS
UNDEAD SORCERER
VENGEFUL
ZOMBIE

GOODY ADDAMS

W	J	S	P	E	L	L	B	O	O	K	B	Y	B	L	B	Y	X	Q
T	K	H	U	Y	S	Z	S	L	I	A	T	G	I	P	L	K	F	W
E	P	F	O	R	G	G	H	O	S	T	L	Y	G	U	I	D	E	L
Y	Z	K	R	R	P	A	B	D	S	C	L	C	L	Z	Z	X	C	S
R	U	A	I	A	R	Q	Z	T	E	D	O	Y	L	V	C	D	X	J
Y	E	I	G	V	E	Y	H	G	R	E	D	F	N	F	U	E	A	H
M	V	D	I	E	T	S	E	F	T	F	D	G	G	D	R	Y	A	X
T	C	X	N	N	D	H	A	Y	S	E	Q	J	O	P	S	K	L	A
A	T	R	A	U	G	P	L	S	I	N	C	F	Z	E	E	L	U	P
P	R	E	L	L	O	I	I	S	M	D	D	U	D	H	G	Z	S	L
S	F	C	O	Y	Q	F	N	E	S	E	Y	T	E	V	I	Y	N	C
X	H	N	U	B	F	A	G	R	R	R	Z	S	Y	R	V	U	G	T
A	B	A	T	E	F	V	S	E	E	U	R	M	K	C	E	G	E	G
G	G	M	C	T	U	E	P	C	F	V	L	H	C	P	R	S	R	N
W	A	O	A	X	G	N	I	R	I	H	V	B	L	U	R	E	W	R
O	R	R	S	G	V	G	R	O	C	N	V	Y	M	O	E	N	H	Z
B	C	C	T	Y	T	E	I	S	U	S	Q	M	C	S	T	X	H	D
L	R	E	T	L	C	R	T	N	L	R	U	E	K	R	I	Y	C	E
P	J	N	D	P	X	E	W	A	T	O	U	R	R	E	B	Q	A	M
V	G	D	C	G	Y	J	U	M	F	L	Z	R	P	V	K	C	I	S
A	N	A	Y	A	K	J	T	W	B	Y	I	K	N	E	Z	M	E	S

WORD LIST

AVENGER
BLUE CORSET
CURSE GIVER
DEFENDER
FOUNDER
GHOSTLY GUIDE
HEALING SPIRIT
LUCIFER'S MISTRESS
NECROMANCER
ORIGINAL OUTCAST
PIGTAILS
RAVEN
SEER
SORCERESS
SPELLBOOK

PUBERT ADDAMS

K	P	D	E	B	B	I	E	J	E	L	L	I	N	S	K	Y	E	R
F	K	R	F	K	S	G	F	G	M	P	T	R	T	E	L	J	E	X
H	W	T	E	N	R	S	X	N	V	M	O	W	B	G	B	N	Q	U
E	D	E	C	D	M	S	S	I	C	K	L	Y	B	L	O	N	D	E
L	L	D	D	T	A	M	Y	D	F	C	K	E	B	I	W	Z	F	S
I	I	F	M	D	O	V	Z	O	P	G	G	L	T	I	L	S	V	I
B	H	L	C	L	I	H	E	O	F	Q	I	U	F	P	I	V	Z	B
O	C	A	O	U	N	N	V	E	G	G	C	S	B	F	N	H	B	L
M	T	M	F	C	Z	N	G	X	N	O	O	M	S	D	G	O	F	I
E	N	I	L	I	P	P	N	R	R	I	L	K	J	E	B	W	B	C
F	E	N	U	F	P	H	K	T	E	I	T	U	F	U	A	V	V	I
I	M	G	D	E	T	Z	C	G	M	C	N	O	E	O	L	O	R	D
N	E	A	T	R	T	E	B	G	E	V	E	N	L	W	L	Y	O	E
K	C	R	J	J	L	V	E	B	R	A	R	P	S	L	G	B	B	S
L	A	R	G	E	U	R	W	Q	X	N	Y	V	T	M	I	N	S	U
Z	L	O	T	I	N	E	B	N	R	M	K	J	B	I	D	U	F	R
T	P	W	D	F	R	Q	Z	E	I	A	Q	W	K	S	O	O	G	V
H	E	S	B	W	V	E	O	T	X	R	H	J	C	Q	Q	N	X	I
A	R	A	H	J	N	T	Y	A	P	N	C	A	O	J	G	W	A	V
W	G	D	Y	B	A	B	D	E	O	I	H	C	A	T	S	U	M	O
N	R	G	R	L	J	L	R	H	C	O	A	E	U	Y	U	G	T	R

WORD LIST

BENITO
BOWLING BALL
DEBBIE JELLINSKY
EATEN
ELECTROCUTIONER
FLAMING ARROWS
GUILLOTINE EVADER
KNIFE MOBILE
LUCIFER
MAO
MUSTACHIOED BABY
REPLACEMENT CHILD
SIBLICIDE SURVIVOR
SICKLY BLONDE
WEDDING RECEPTION

ADDAMS FAMILY PLANTS

N	I	E	G	O	A	J	F	J	D	Y	N	I	V	E	F	K	K	H
Z	J	Z	L	V	L	I	S	A	F	O	R	J	B	E	I	V	L	K
S	E	O	N	V	B	O	N	F	G	S	N	U	G	G	L	E	R	C
Q	B	D	R	O	L	D	E	A	R	N	I	B	B	L	E	R	D	D
M	B	M	E	H	E	F	R	C	M	Q	F	M	M	D	K	L	E	E
M	A	G	K	L	B	D	C	A	L	W	R	A	C	A	I	E	A	C
U	M	Q	I	W	O	Y	H	X	M	M	L	N	C	F	W	M	K	A
H	S	O	B	D	C	H	I	L	D	W	A	K	E	R	T	A	T	R
Y	N	E	O	Q	C	L	P	Q	M	D	O	X	E	I	Y	R	J	N
S	X	M	N	S	W	L	E	U	U	B	P	D	L	C	U	I	S	I
Q	O	R	I	T	R	K	L	O	N	E	N	W	K	A	E	E	L	V
K	P	R	E	N	I	E	V	P	P	O	Q	Y	N	N	M	A	L	O
Y	N	P	Z	D	U	E	G	B	W	A	D	O	K	S	D	N	A	R
B	E	L	U	C	B	F	N	R	X	D	T	Q	L	T	O	T	B	O
V	P	O	O	S	A	A	N	T	U	F	D	R	V	R	B	O	T	U
A	O	Q	J	U	Q	Q	L	C	T	B	W	B	A	A	A	I	A	S
T	T	H	E	B	K	E	T	L	Z	R	A	T	Z	N	H	N	E	P
C	F	E	U	Y	N	I	W	I	O	O	E	R	Z	G	C	E	M	L
A	C	L	K	O	O	E	X	M	N	O	X	E	B	L	I	T	K	A
V	T	I	X	M	L	C	Q	N	W	Y	N	W	Y	E	X	T	A	N
K	B	U	G	I	U	O	Y	G	G	Z	S	D	J	R	Z	E	Y	T

WORD LIST

AFRICAN STRANGLER
CARNIVOROUS PLANT
CHILD WAKER
CLEOPATRA
DANDELION
EAR-NIBBLER
ICHABOD
KOMODO DRAGON
MARIE ANTOINETTE
RED BALLOON
SENTIENT TREE
SNUGGLER
WONDER WEED
YAK MEATBALLS
ZEBRA BURGERS

EXTENDED FAMILY

T	G	G	R	E	A	T	A	U	N	T	E	S	T	H	E	R	O	Y
N	Y	A	Q	W	O	M	I	E	F	N	K	L	N	O	F	P	Q	O
I	T	W	Z	P	X	N	W	P	R	H	V	E	X	G	Q	A	U	M
U	T	B	P	Q	K	U	H	I	J	X	B	H	J	F	M	H	O	Y
Q	T	H	I	N	G	T	T	H	I	N	G	C	D	B	M	X	P	B
S	S	L	O	O	M	F	R	U	M	P	Y	A	M	M	F	B	H	I
A	S	D	N	R	M	W	R	N	D	U	L	A	W	B	B	B	E	M
P	L	F	K	Z	Q	Z	Z	C	Z	V	A	Z	G	Y	H	H	L	K
D	Z	F	C	Y	R	G	O	N	N	B	Z	M	K	A	Y	H	I	I
N	O	M	H	W	L	C	O	I	F	P	E	G	L	E	G	U	A	H
A	R	O	D	C	D	Q	S	O	P	M	S	I	V	Y	R	N	O	N
R	J	R	R	B	V	U	R	Z	B	D	L	N	X	O	M	V	K	L
G	Q	T	A	M	O	Z	Z	S	I	E	Z	G	O	L	U	Y	W	R
P	C	I	E	C	O	M	X	A	D	D	R	G	C	E	P	A	P	D
H	X	M	B	J	M	Y	N	X	B	H	P	F	M	B	W	B	U	M
M	G	E	E	X	E	D	O	P	I	A	A	J	C	E	U	W	U	X
H	T	R	U	Z	R	S	K	M	B	R	N	D	W	N	E	X	H	X
L	O	W	L	A	H	S	T	Z	K	E	C	T	Y	E	W	U	C	I
R	B	J	B	B	S	C	R	E	Q	M	H	X	K	Z	K	T	Z	X
H	S	C	A	Y	P	S	Q	A	R	T	O	X	I	E	E	P	G	U
X	P	Z	G	V	M	Y	L	Q	R	C	Z	Q	Z	R	V	M	K	A

WORD LIST

BLUEBEARD
COUSIN VLAD
DELILAH
DIANDRA
GOOBER
GRANDPA SQUINT
GREAT-AUNT ESTHER
JESTER
MORTIMER
OL EBENEZER
OPHELIA
PANCHO
PEGLEG
SLOOM FRUMP
THING T. THING

CRIMES

M	K	V	L	J	E	V	M	F	P	E	C	F	G	V	T	U	I	X
E	I	V	I	F	P	Q	A	R	T	V	C	G	F	R	J	O	N	O
T	D	U	E	P	W	F	R	N	S	O	W	X	S	Q	K	B	C	P
D	N	I	U	C	V	I	K	C	D	T	J	G	W	W	J	W	R	X
Z	A	S	U	K	L	N	T	O	E	A	A	A	S	U	T	P	I	R
J	P	F	Z	M	O	I	R	R	B	N	L	L	L	B	E	J	M	O
O	P	S	R	Z	O	W	E	R	E	L	W	I	K	C	L	G	I	O
N	I	P	E	A	O	I	A	U	R	M	A	T	S	I	R	J	N	C
D	N	K	N	I	U	F	S	P	U	K	T	S	D	M	N	F	A	D
B	G	L	X	L	B	D	O	T	T	O	K	T	P	L	Y	G	T	I
H	Q	S	F	J	E	X	N	I	R	M	V	F	X	H	N	O	I	S
O	Z	E	K	B	J	Z	V	O	O	V	H	F	X	P	E	K	O	M
M	A	S	K	T	V	L	X	N	T	K	M	F	H	L	D	M	N	E
I	S	E	R	I	A	L	M	U	R	D	E	R	V	Y	A	L	Y	M
C	V	T	T	Z	Q	L	A	G	J	V	N	U	U	D	R	M	I	B
I	G	N	S	H	B	T	O	N	I	U	N	J	B	C	S	Y	I	E
D	E	Q	A	N	F	I	L	G	H	S	C	R	L	E	O	W	O	R
E	N	I	Z	S	E	X	T	O	R	T	I	O	N	S	N	J	W	M
S	P	Q	M	H	G	Q	N	G	E	D	D	M	E	A	T	J	S	E
T	B	X	O	G	T	U	F	A	F	F	D	F	K	B	H	Q	F	N
Y	F	K	S	G	A	F	K	M	S	X	C	T	H	E	F	T	D	T

WORD LIST

ARSON
BLASPHEMY
CORRUPTION
DISMEMBERMENT
EXTORTION
FRAUD
HOMICIDE
INCRIMINATION
KIDNAPPING
SERIAL MURDER
STALKING
THEFT
TORTURE
TREASON
VANDALISM

THE GATES FAMILY

S	M	Z	K	T	R	W	L	R	G	D	X	D	I	F	I	E	A	B
O	V	P	N	V	S	E	O	L	E	H	N	F	Q	H	V	U	Y	M
R	Q	F	B	N	U	E	S	C	I	V	H	Z	E	I	I	M	A	U
L	P	J	K	S	G	L	I	U	T	H	E	W	X	E	U	R	A	N
Q	O	K	G	A	D	D	G	T	R	W	N	N	Z	X	N	V	N	B
K	V	B	D	D	U	N	E	Z	A	R	V	R	G	S	A	Y	Y	S
H	P	S	S	J	I	R	Z	V	S	S	E	L	O	E	F	D	R	L
G	F	B	E	N	R	H	T	Z	A	E	M	C	T	H	P	E	Y	D
E	G	R	W	A	L	F	N	K	W	Q	A	U	T	B	T	S	T	C
J	P	O	G	S	I	L	G	G	Y	N	D	H	R	I	G	C	G	H
V	R	Z	O	W	X	Z	E	T	S	E	C	D	U	I	O	E	W	L
D	I	A	S	Q	N	N	B	E	F	N	F	P	L	O	N	N	B	R
W	X	I	R	B	O	S	L	F	K	K	A	O	U	S	U	D	S	E
J	C	R	A	C	K	S	T	O	N	E	K	I	D	U	T	A	Q	R
W	Q	T	I	G	S	P	K	A	M	G	E	S	E	W	Z	N	F	I
E	J	D	G	E	P	P	Z	B	E	E	D	O	N	E	F	T	N	F
P	A	Q	X	W	L	L	W	M	I	Q	D	N	H	R	G	S	X	E
L	S	K	C	X	V	J	F	T	K	E	E	I	J	Q	S	N	C	S
W	L	A	U	R	E	L	F	T	I	K	A	N	K	X	L	F	N	U
X	E	D	A	H	S	T	H	G	I	N	T	G	H	J	N	S	J	O
U	Y	W	V	C	X	U	G	A	F	Q	H	J	R	V	C	S	V	H

WORD LIST

ANSEL
CRACKSTONE
DESCENDANTS
DROWNING
FAKED DEATH
GARRETT
GENOCIDAL
HOUSE FIRE
LAUREL
NIGHTSHADE
POISONING
PREJUDICED
RESURRECTION
REVENGE
THORNHILL

ANSWERS

WEDNESDAY ADDAMS

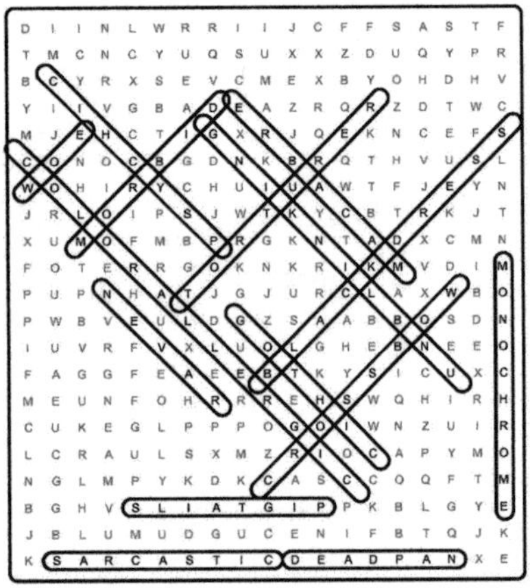

MORTICIA ADDAMS

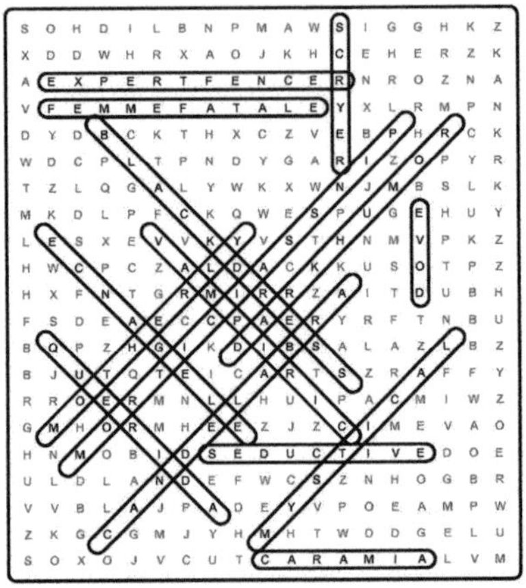

LURCH

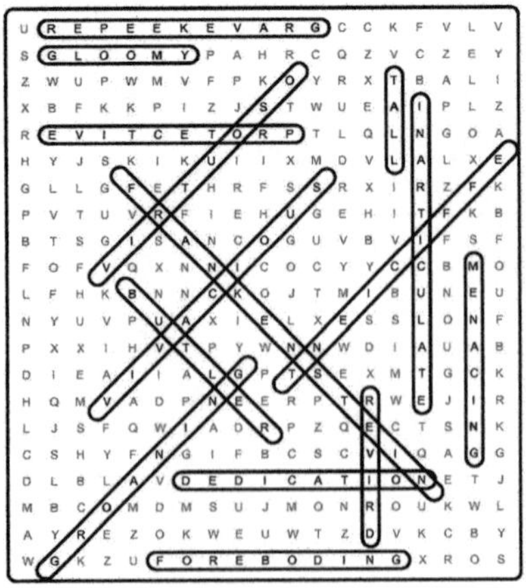

THING

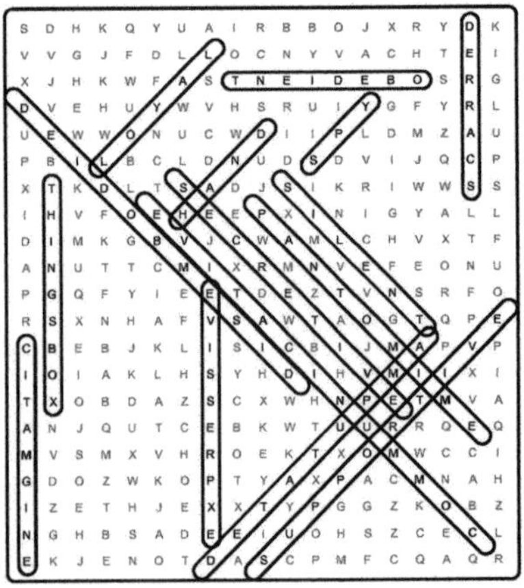

ITTS

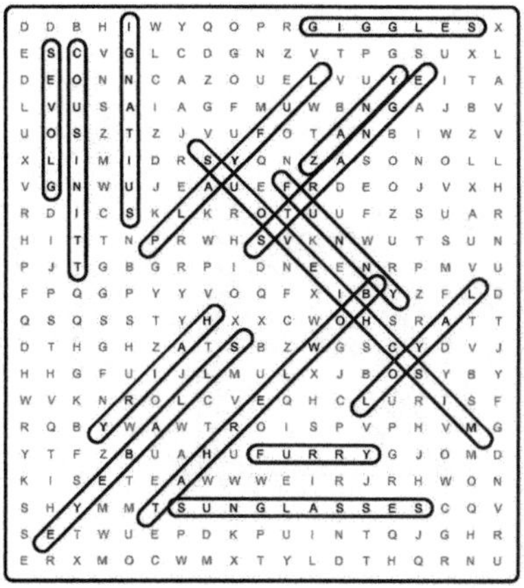

GOMEZ ADDAMS

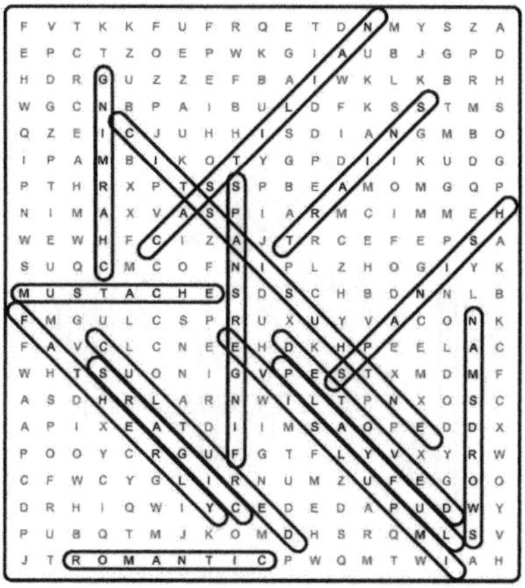

PUGSLEY ADDAMS

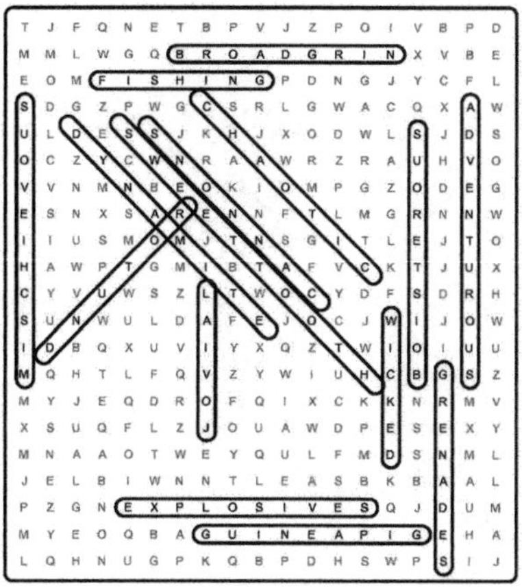

ENID SINCLAIR

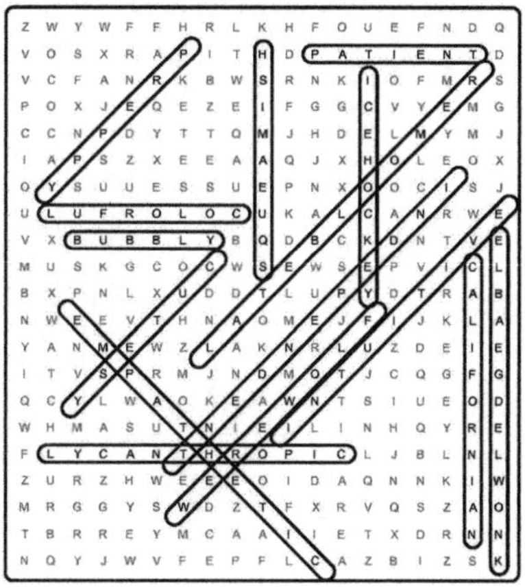

MARILYN THORNHILL

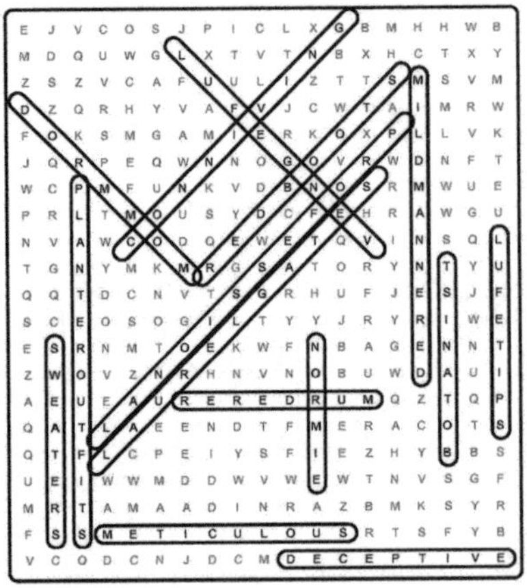

XAVIER THORPE

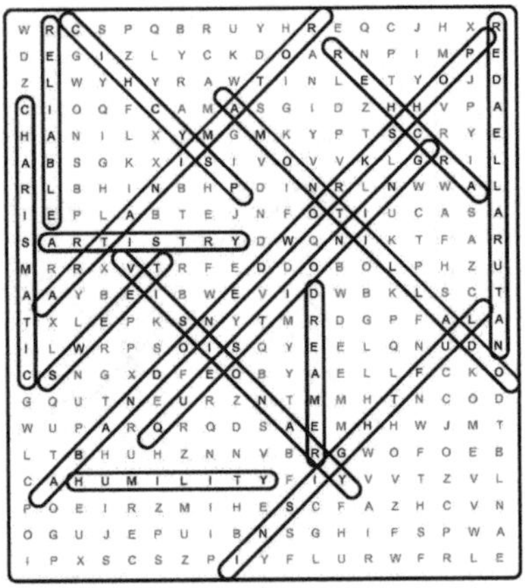

TYLER GALPIN

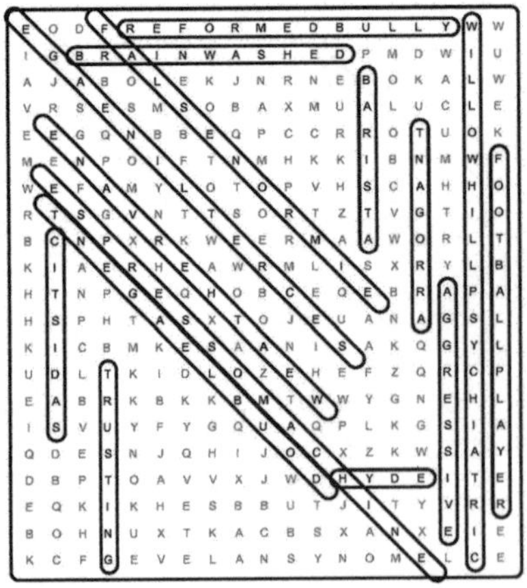

GRANNY FRUMP

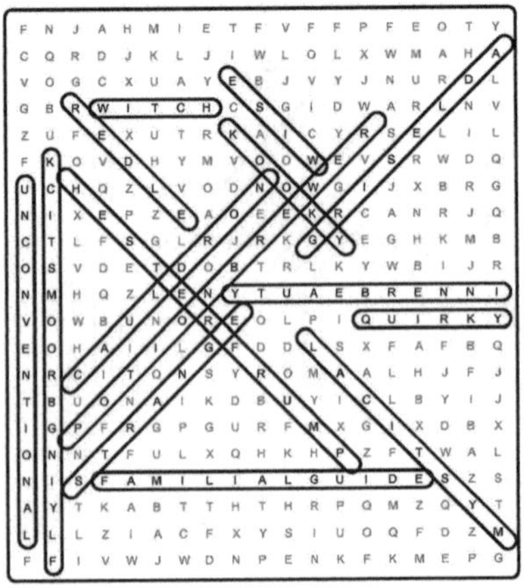

GRANDMAMA

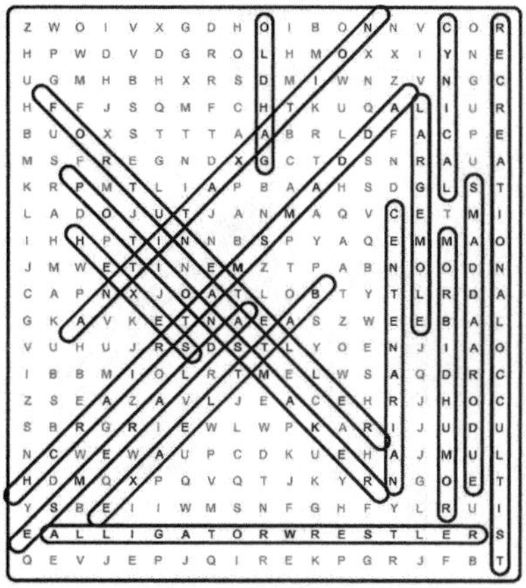

UNCLE FESTER

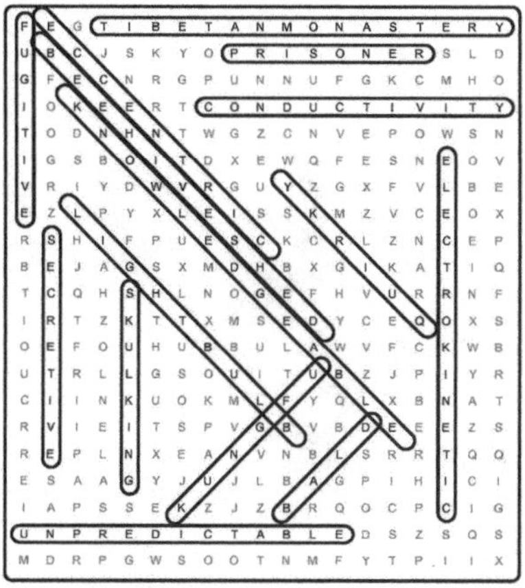

WEREWOLVES

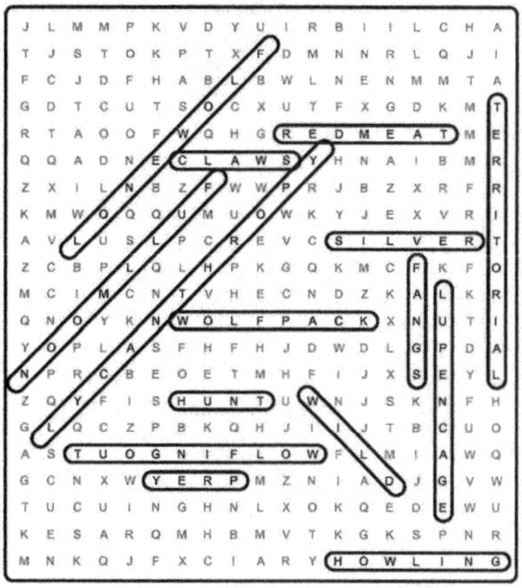

SIRENS

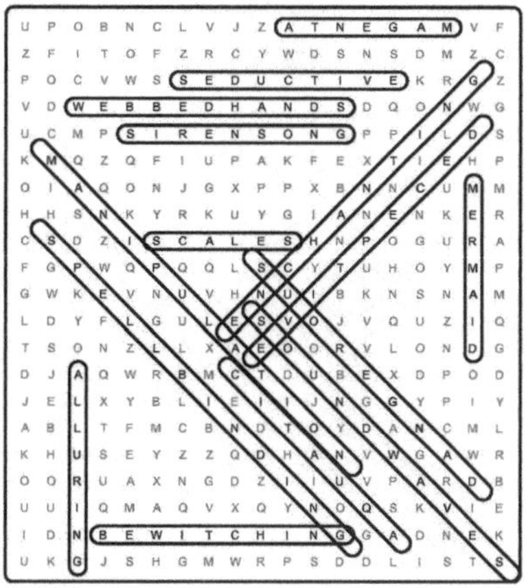

MACABRE

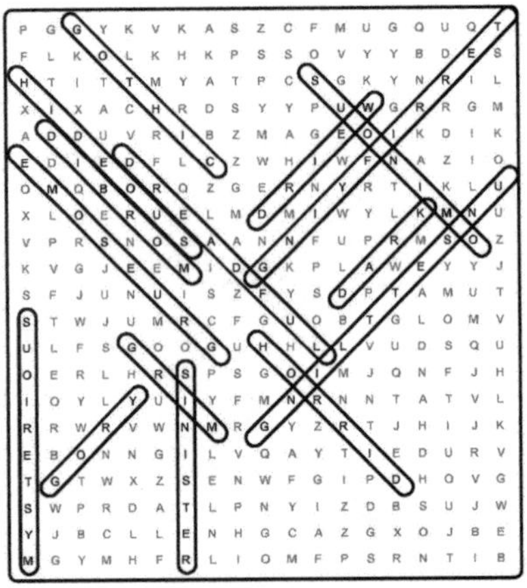

HAUNTED HOMES

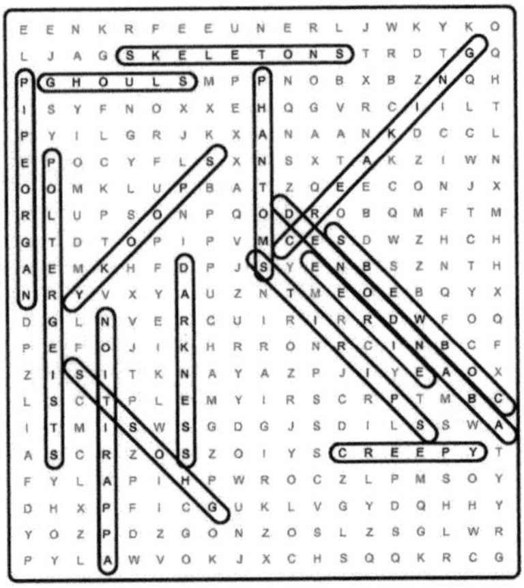

NEVERMORE ACADEMY

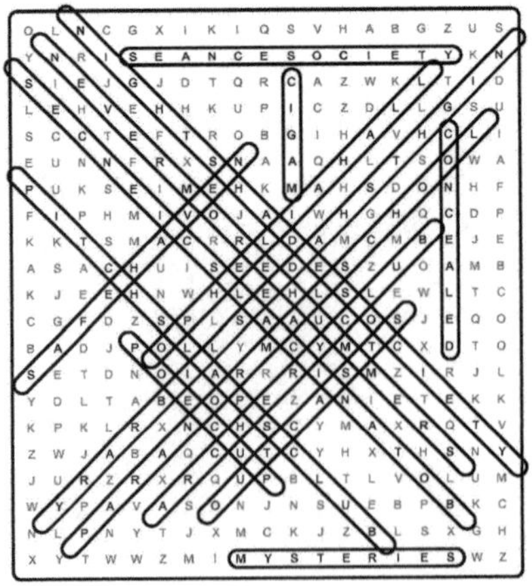

FUNERAL INDUSTRY

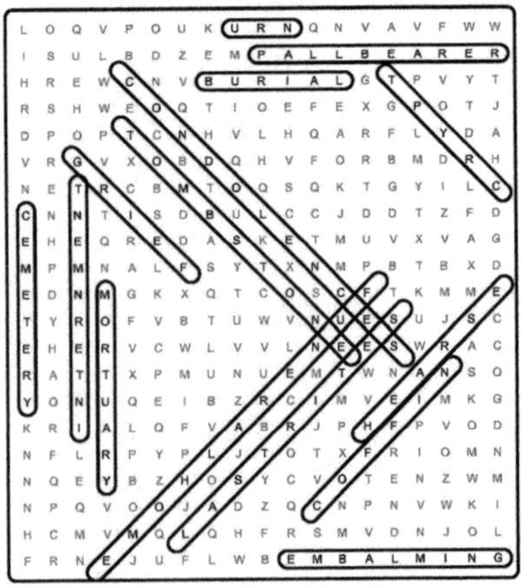

WITCHCRAFT

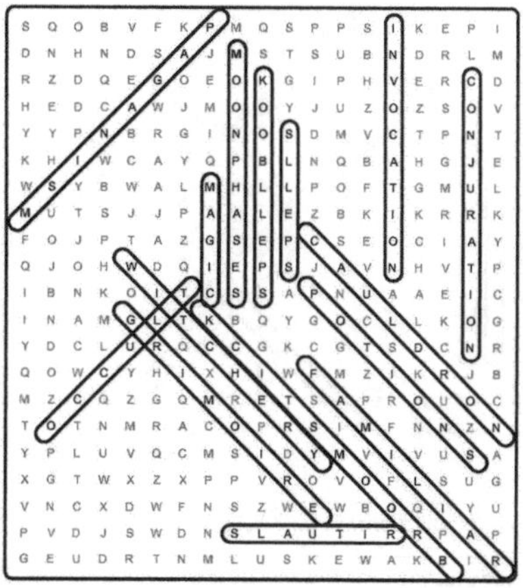

SALEM, MA

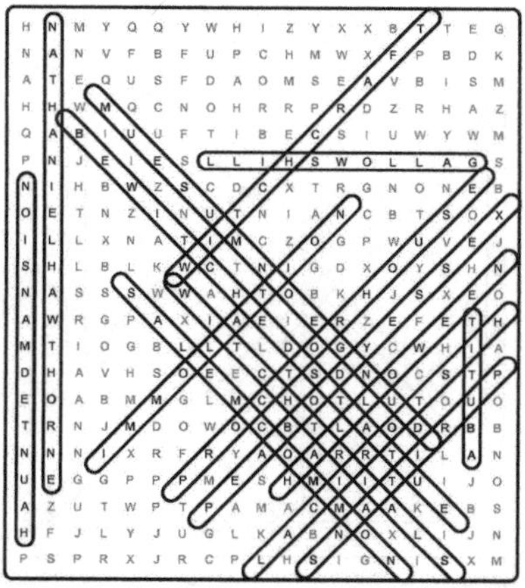

JERICHO, VA

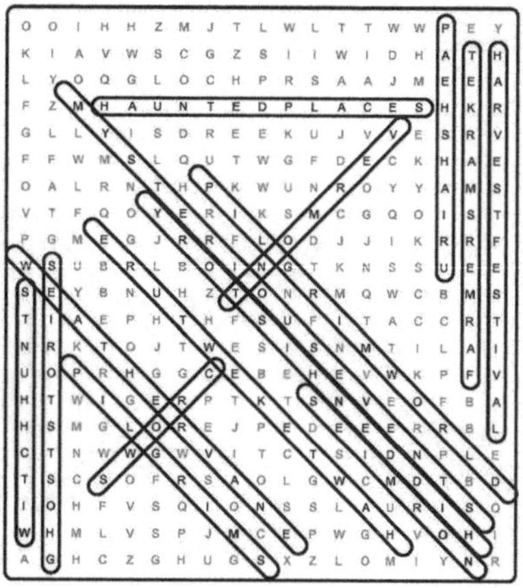

THE OCCULT

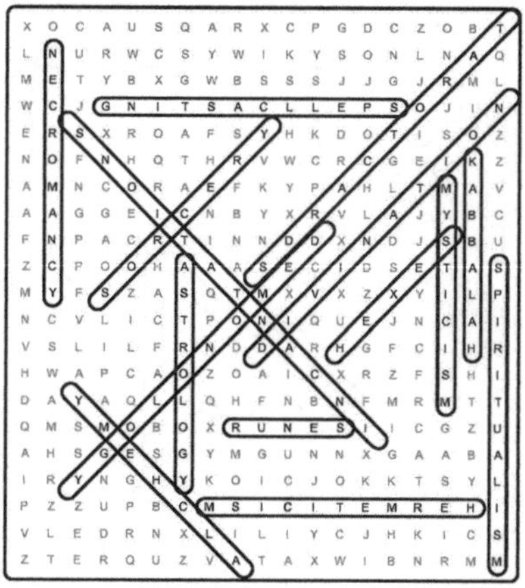

PSYCHICS

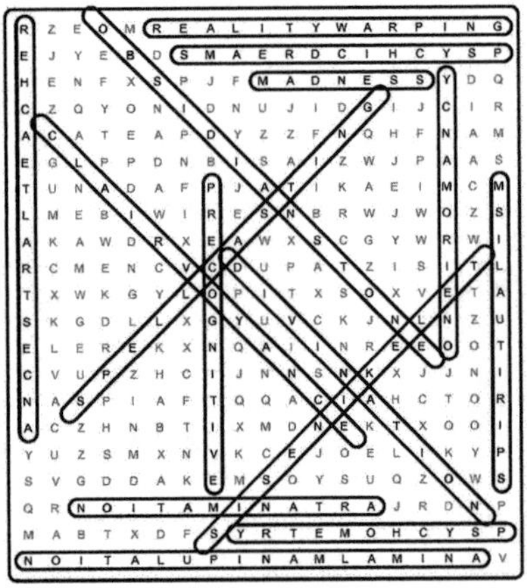

GORGONS

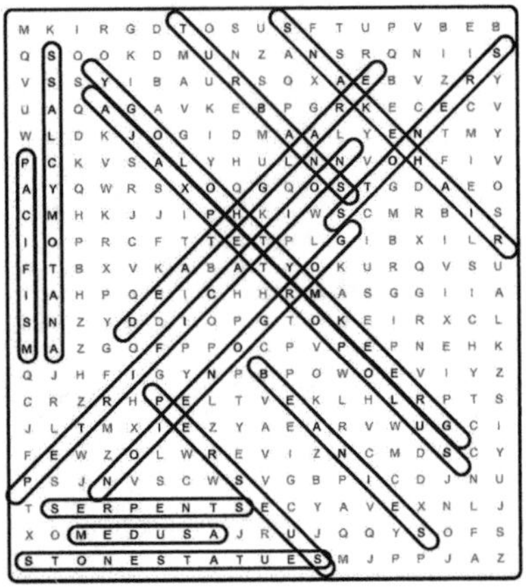

VAMPIRES

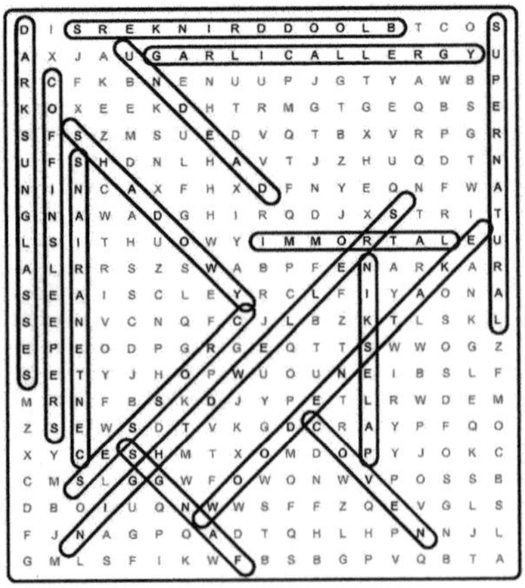

HYDES

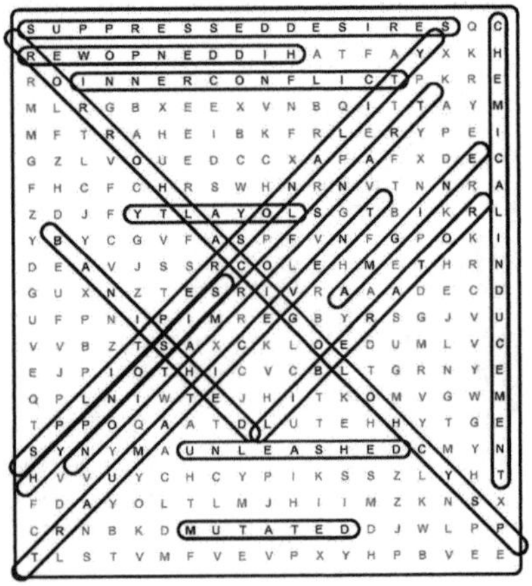

SHAPESHIFTERS

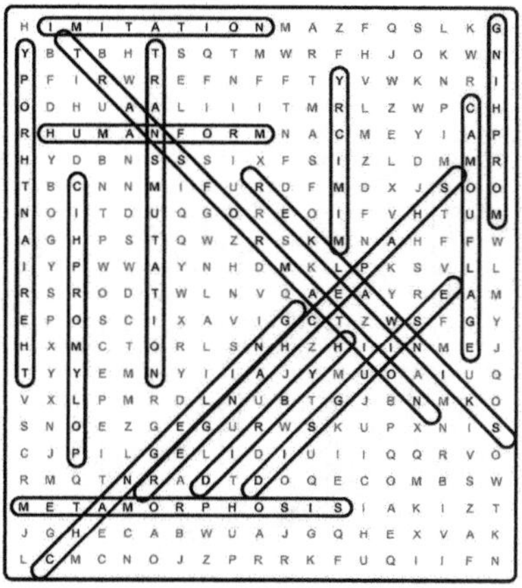

FACELESS

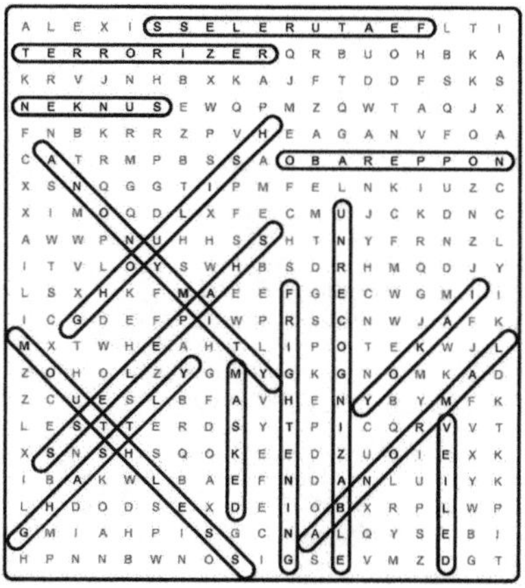

YETIS

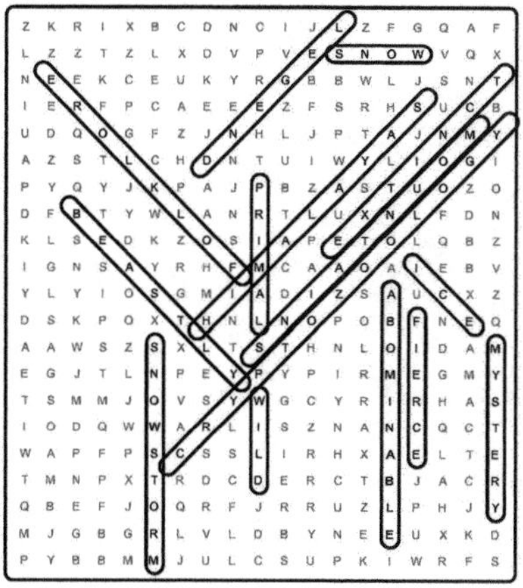

HALLOWEEN

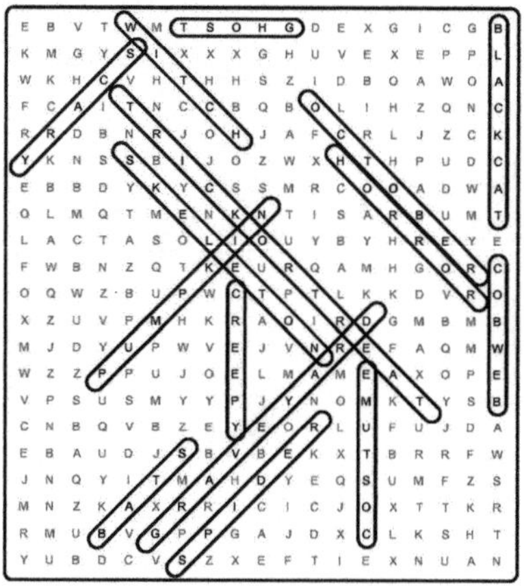

NIGHTSHADE SOCIETY

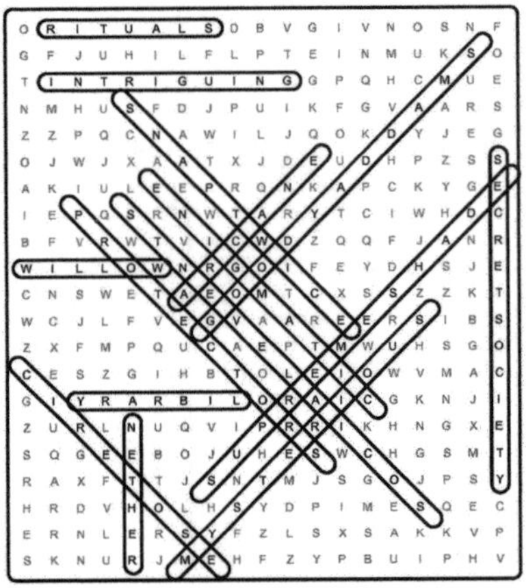

DEADLY ANIMALS

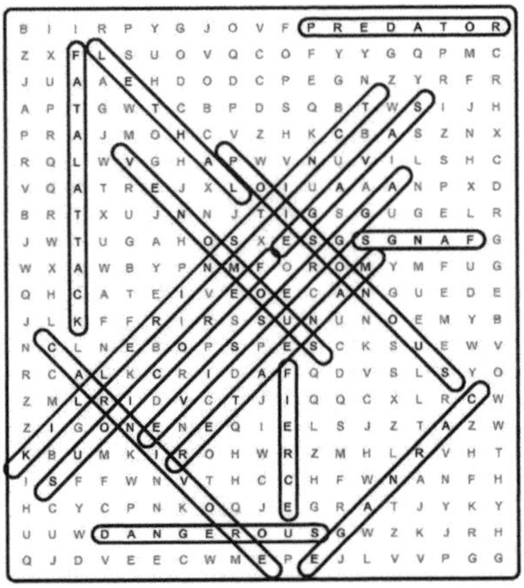

CREEPY CRAWLIES

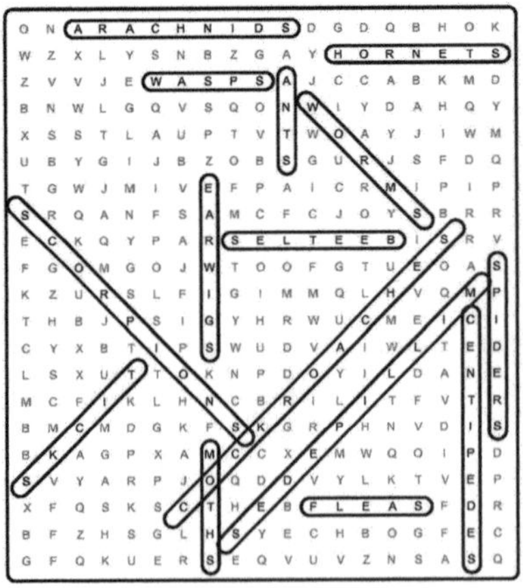

MORTICIANS

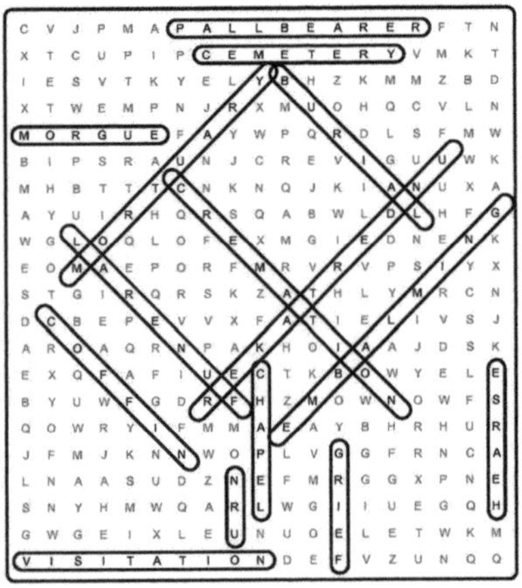

RAVE'N

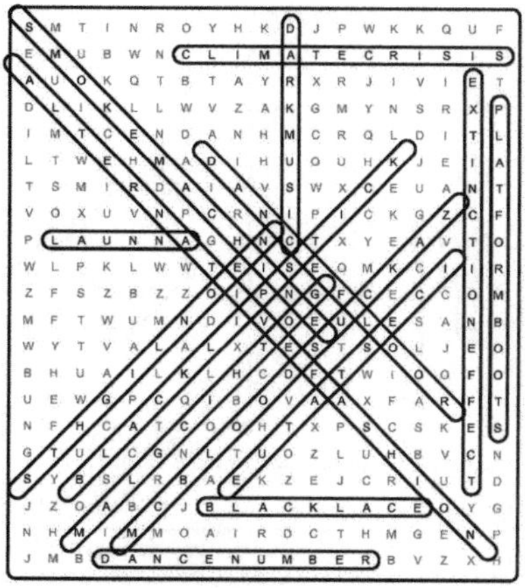

NORMIES

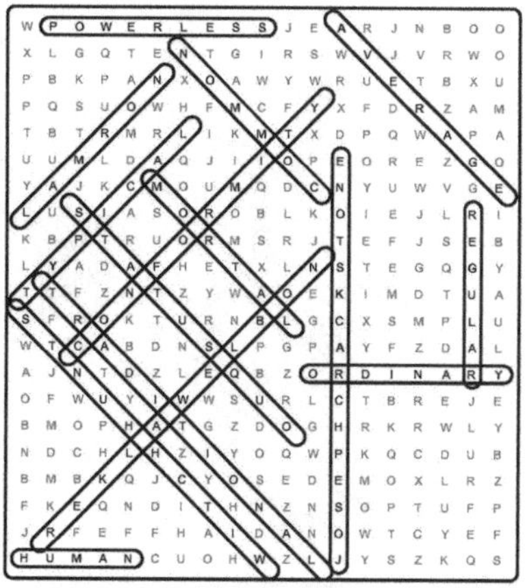

CORONERS

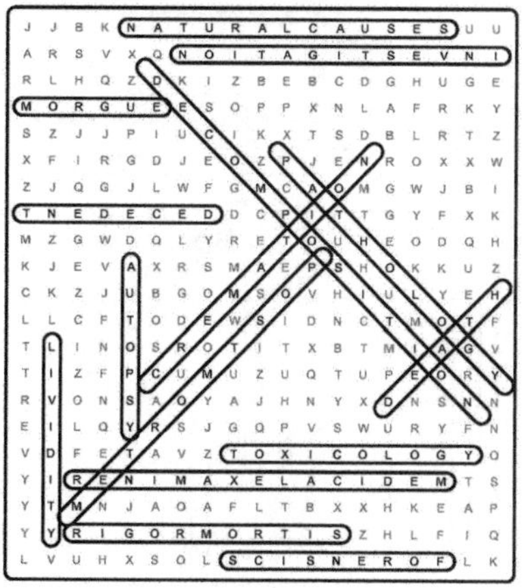

PILGRIM WORLD

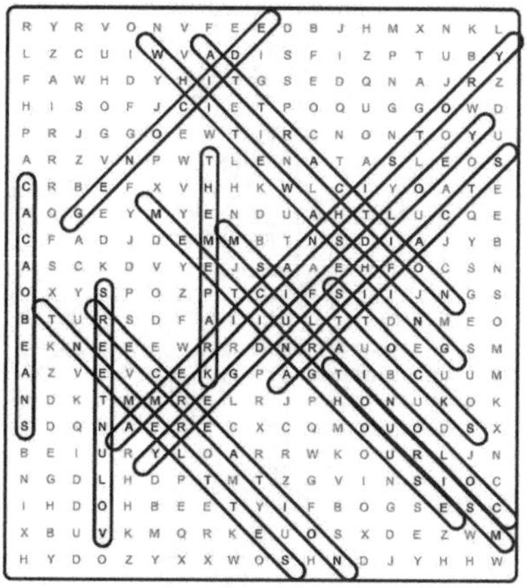

ADDAMS FAMILY PETS

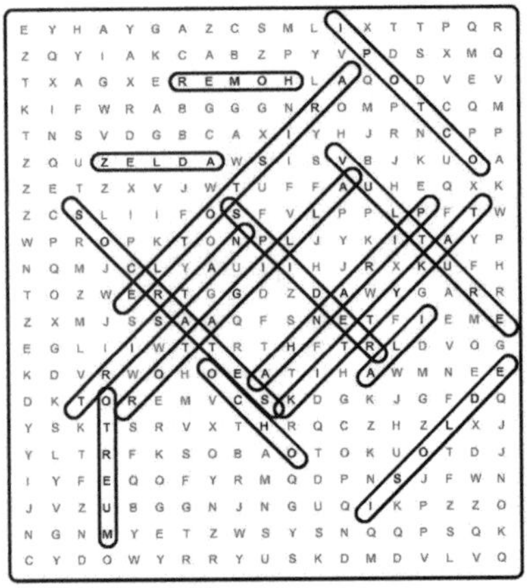

LARISSA WEEMS

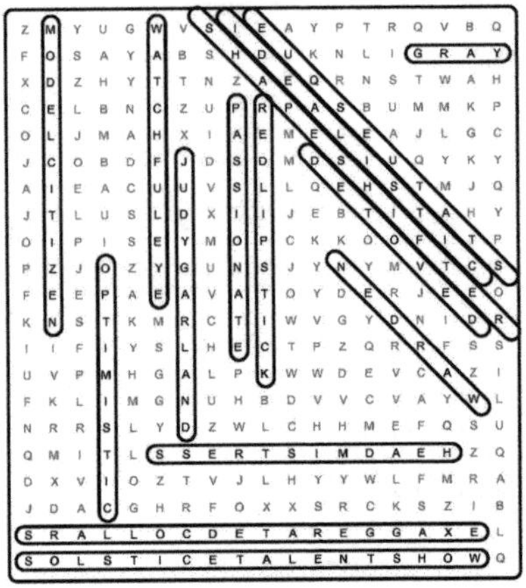

BIANCA BARCLAY

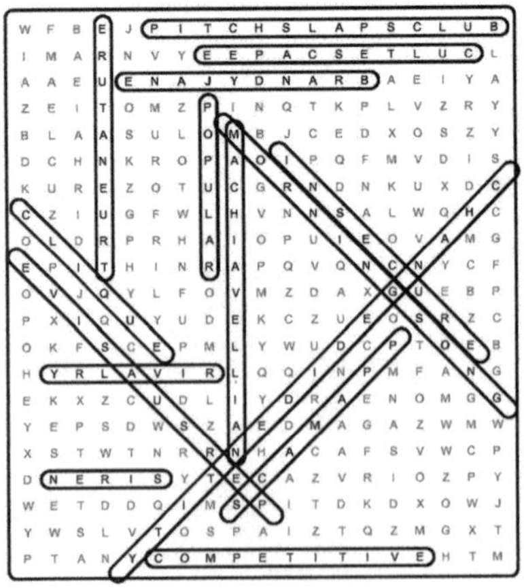

JOSEPH CRACKSTONE

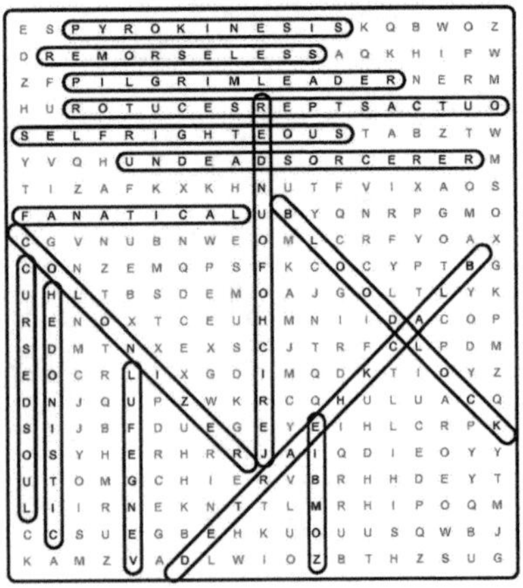

GOODY ADDAMS

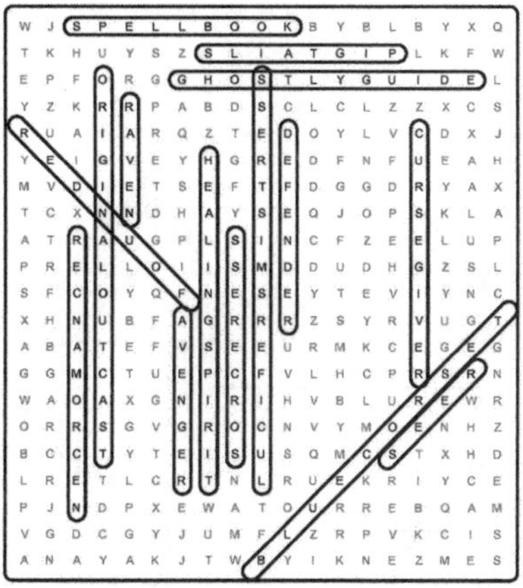

PUBERT ADDAMS

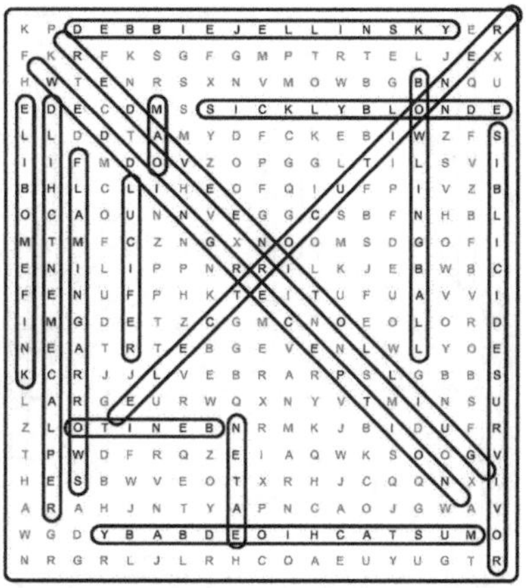

ADDAMS FAMILY PLANTS

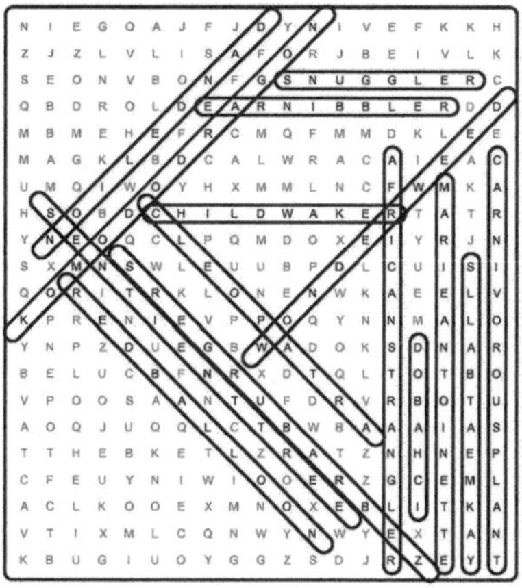

EXTENDED FAMILY

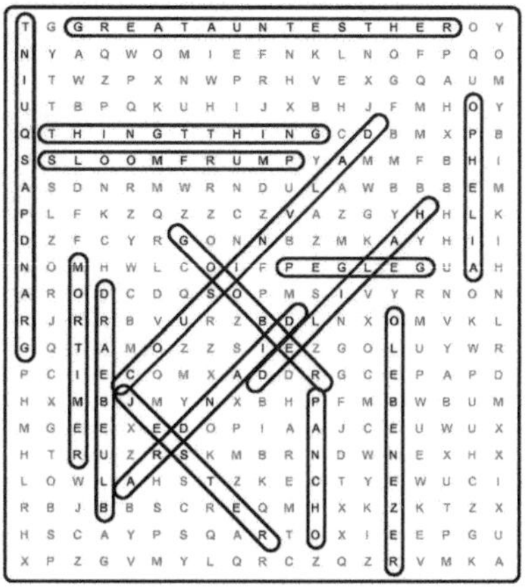

CRIMES

M	K	V	L	J	E	V	M	F	P	E	C	F	G	V	T	U	I	X
E	I	V	I	F	P	Q	A	R	T	V	C	G	F	R	J	O	N	O
T	D	U	E	P	W	F	R	N	S	O	W	X	S	Q	K	B	C	P
D	N	I	U	C	V	I	K	C	D	T	J	G	W	W	J	W	R	X
Z	A	S	U	K	L	N	T	O	E	A	A	A	S	U	T	P	I	R
J	P	F	Z	M	O	I	R	R	B	N	L	L	L	B	E	J	M	O
O	P	S	R	Z	O	W	E	R	E	L	W	I	K	C	L	G	I	O
N	I	P	E	A	O	I	A	U	R	M	A	T	S	I	R	J	N	C
D	N	K	N	I	U	F	S	P	U	K	T	S	D	M	N	F	A	D
B	G	L	X	L	B	D	O	T	T	O	K	T	P	L	Y	G	T	I
H	Q	S	F	J	E	X	N	I	R	M	V	F	X	H	N	O	I	S
O	Z	E	K	B	J	Z	V	O	O	V	H	F	X	P	E	K	O	M
M	A	S	K	T	V	L	X	N	T	K	M	F	H	L	D	M	N	E
I	S	E	R	I	A	L	M	U	R	D	E	R	V	Y	A	L	Y	M
C	V	T	T	Z	Q	L	A	G	J	V	N	U	U	D	R	M	I	B
I	G	N	S	H	B	T	O	N	I	U	N	J	B	C	S	Y	I	E
D	E	Q	A	N	F	I	L	G	H	S	C	R	L	E	O	W	O	R
E	N	I	Z	S	E	X	T	O	R	T	I	O	N	S	N	J	W	M
S	P	Q	M	H	G	Q	N	G	E	D	D	M	E	A	T	J	S	E
T	B	X	O	G	T	U	F	A	F	F	D	F	K	B	H	Q	F	N
Y	F	K	S	G	A	F	K	M	S	X	C	T	H	E	F	T	D	T

THE GATES FAMILY

S	M	Z	K	T	R	W	L	R	G	D	X	D	I	F	I	E	A	B
O	V	P	N	V	S	E	O	L	E	H	N	F	Q	H	V	U	Y	M
R	Q	F	B	N	U	E	S	C	I	V	H	Z	E	I	I	M	A	U
L	P	J	K	S	G	L	I	U	T	H	E	W	X	E	U	R	A	N
Q	O	K	G	A	D	D	G	T	R	W	N	N	Z	X	N	V	N	B
K	V	B	D	D	U	N	E	Z	A	R	V	R	G	S	A	Y	Y	S
H	P	S	S	J	I	R	Z	V	S	S	E	L	O	E	F	D	R	L
G	F	B	E	N	R	H	T	Z	A	E	M	C	T	H	P	E	Y	D
E	G	R	W	A	L	F	N	K	W	Q	A	U	T	B	T	S	T	C
J	P	O	G	S	I	L	G	G	Y	N	D	H	R	I	G	C	G	H
V	R	Z	O	W	X	Z	E	T	S	E	C	D	U	I	O	E	W	L
D	I	A	S	Q	N	N	B	E	F	N	F	P	L	O	N	N	B	R
W	X	I	R	B	O	S	L	F	K	K	A	O	U	S	U	D	S	E
J	C	R	A	C	K	S	T	O	N	E	K	I	D	U	T	A	Q	R
W	Q	T	I	G	S	P	K	A	M	G	E	S	E	W	Z	N	F	I
E	J	D	G	E	P	P	Z	B	E	E	D	O	N	E	F	T	N	F
P	A	Q	X	W	L	L	W	M	I	Q	D	N	H	R	G	S	X	E
L	S	K	C	X	V	J	F	T	K	E	E	I	J	Q	S	N	C	S
W	L	A	U	R	E	L	F	T	I	K	A	N	K	X	L	F	N	U
X	E	D	A	H	S	T	H	G	I	N	T	G	H	J	N	S	J	O
U	Y	W	V	C	X	U	G	A	F	Q	H	J	R	V	C	S	V	H